INSIDE THE MIND OF MATTOPHOBIA

Mattias Ophobia Almerez

Ghostwritten by jQuery

Copyright © 2015 Matt Collins

All rights reserved.

ISBN:1515174840
ISBN-13: 978-1515174844

ACKNOWLEDGMENTS

Thanks to Oskari Grönroos for the JQuery script to write the book.

Chapter 1

I'm so angry right now! Fuck holy piss (cunt) cock fuck FUCK FUCK FUCK FUCK FUCK penis cunt fucking shit twat asshat cock goddamn ass assface. Jesus christ on a fucking bike. FUCK FUCK FUCK FUCK FUCK piece of shit fucking god damn it motherfucker shitface ass jesus wanker bastard!

Hell wanking FUCK hell fucking assface! AIDS fucker wanker (piss) shitfuck god damn it fucking cock fuck FUCK FUCK FUCK FUCK FUCK motherfucker ass! Fuck piss wankface AIDS fucking nob AIDS twat bitch. Penis cunt bastard fucker motherfucker cock AIDS twat hell god damn it FUCK FUCK FUCK FUCK FUCK pissing, cock shit fuck! Shitfuck assface: fuck bastard! "Fuck hell fuck ass", jesus cock dickhead (FUCK wanking cunt god damn it fucking cock) shit. Bastard piss wanking shitting penis bastard asshat hell fucking piss son of a bitch prick motherfucker AIDS hell.

Wanking fucker motherfucker fuck jesus dickhead, jesus twat pissing son of a bitch, dickhead. Ass shitfuck motherfucking goddamn bastard fucking wankface wanker? Dickhead ass assing shitfuck FUCK FUCK FUCK FUCK FUCK! Wankface cock wankface (shitting) prick AIDS asshole assface. Jesus fucking Christ. I fucked up. Cock FUCK FUCK FUCK FUCK FUCK, damn son of a bitch asshole wanking; shitting holy son of a bitch fucker asshat pissing asshole piss shitfuck! Piece of shit god damn it FUCK FUCK FUCK FUCK FUCK twat shit fucking twat.

I fucked up! FUCK FUCK FUCK FUCK FUCK nob shitface (shitfuck FUCK prick AIDS wankface) fuck shit ass twat asshat hell penis? Jesus dicking tits! Wanker FUCK FUCK FUCK FUCK FUCK AIDS asshole shitfuck piss fucker cock assface son of a bitch cunt wankface shitfuck shitting dickhead cock?

Jesus wept. Jesus shit wanker son of a bitch asshat shitface shitting assface pissing assing dickhead. Wanking fucker dickhead wanker shitfuck piece of shit assface wankface AIDS fuck asshole wankface. Hell pissing motherfucking piss pissing fucking —

fuck.

Shitface penis piece of shit shitfuck AIDS. Wankface bitch; fucker, FUCK. God damn it wanker son of a bitch (god damn it) twat cunt nob FUCK motherfucker asshat asshole! Shitfuck nob asshole bastard hell asshole shit. Twat FUCK cock asshat! Cock prick fucking shitface asshole wankface twat fucker, asshat wanking asshat fuck piss AIDS.

I'm so angry right now! Jesus dicking tits! Assface ass cunt piece of shit wankface cock wankface ass holy asshat nob fucking nob assface shit wankface assface god damn it! Shit son of a bitch assface cunt prick cunt asshole bitch shitting asshat fuck motherfucker FUCK FUCK FUCK FUCK FUCK cunt?

"Fuck FUCK FUCK FUCK FUCK FUCK piece of shit; motherfucker penis ass holy shitface AIDS", god damn it wanker; shitting cunt assface twat shitface fucking wanker cock nob. Piece of shit holy god damn it AIDS FUCK fucking god damn it wanking shitface fuck damn piece of shit cock. Cock nob cunt FUCK goddamn prick piece of shit shitfuck asshole.

Cunt bastard FUCK asshat god damn it, hell. Wanker shitting penis (god damn it jesus: god damn it — penis AIDS) ass shitting motherfucker fucking twat! Nob hell FUCK FUCK FUCK FUCK FUCK bastard motherfucker ass FUCK FUCK FUCK FUCK FUCK motherfucker! Asshole shit fucking (cunt holy prick; assing shit motherfucker jesus hell cunt) piss fuck pissing FUCK: cock piece of shit! Shut the fuck up. Fuck you. Asshat shitfuck twat FUCK FUCK FUCK FUCK FUCK hell ass shitting, jesus asshat penis fucking cunt wankface, prick piss assface — shit. Shitface FUCK motherfucking (assface FUCK assing) bitch nob asshat? AIDS wanker son of a bitch fuck damn fucking dickhead fucking, asshat, motherfucker wankface hell.

AIDS fuck damn fucking shitfuck bastard wanking wankface motherfucker hell shit bastard. Bastard son of a bitch, holy asshole son of a bitch twat. Asshat twat god damn it (twat dickhead damn nob) AIDS wankface motherfucker cock shit? Shut up! Fucking piece of shit son of a bitch asshat.

"Fucker wankface damn [assface bastard] goddamn motherfucking ass, piece of shit", shitface god damn it FUCK FUCK FUCK FUCK FUCK cunt wanking — damn FUCK hell penis goddamn jesus nob shitting bastard damn fucking piece of shit. Cock FUCK FUCK FUCK FUCK FUCK FUCK asshat prick FUCK wanker asshole fucking ass bitch bastard son of a bitch fucker! Shut the fuck up! Cock dickhead twat jesus pissing fucker jesus AIDS asshole motherfucking AIDS jesus bastard? Wankface wanking bastard piece of shit fucking shitface dickhead. Prick FUCK FUCK FUCK FUCK FUCK fucking shitting motherfucking pissing assface fucking fucker wanker fucker cock nob.

Jesus dicking tits! Shut up. Piece of shit asshat god damn it wankface goddamn son of a bitch shitfuck cunt AIDS fucking bastard holy jesus fuck FUCK FUCK FUCK FUCK FUCK goddamn fuck piece of shit! Cock assface bastard motherfucking cock AIDS piece of shit motherfucking nob fuck shitfuck asshat; assface, penis asshole shit wanker! Bitch shitfuck bitch penis wankface fucking dickhead wanking shitfuck nob god damn it. Jesus asshole shitface dickhead. Fuck FUCK FUCK FUCK FUCK FUCK ass FUCK FUCK FUCK FUCK FUCK wanker asshat fucker god damn it wanker cunt FUCK FUCK FUCK FUCK FUCK! God damn it — nob prick fuck assface FUCK FUCK FUCK FUCK FUCK asshat son of a bitch shitface dickhead prick dickhead bastard!

Twat hell jesus bastard wanker cunt shitface piece of shit penis FUCK piss. Piss nob wanking fuck assface shitface hell son of a bitch cock bitch! Shitting god damn it asshat shit holy fuck asshole motherfucker assface. Shitting FUCK shitface cunt piece of shit AIDS piss jesus bitch shitting: nob hell god damn it? Shit pissing fucker fuck assing bastard fuck asshat assing motherfucker son of a bitch bitch FUCK god damn it fuck hell.

God damn it wanker twat cock pissing prick cunt shitfuck shit bitch ass penis pissing bastard jesus piece of shit bitch son of a bitch! Ass, damn assing piece of shit goddamn penis asshole FUCK cunt ass fuck shit dickhead bastard god damn it. "Fucking bastard twat prick cock FUCK FUCK FUCK FUCK FUCK twat bastard cunt hell bastard cunt wankface dickhead shitface twat", shitface assface asshat shitface FUCK FUCK FUCK FUCK FUCK FUCK fucking shit dickhead piece of shit. Fuck you. "Jesus christ on a fucking bike", shitfuck bitch god damn it wanking asshole jesus pissing nob shit fuck bitch twat shitface: prick. Twat hell wanking FUCK FUCK FUCK FUCK FUCK.

Chapter 2

Jesus wept! Ass fucking asshole wanker twat shitting — FUCK AIDS shitface hell god damn it FUCK twat asshole AIDS shitting hell. Prick bitch cunt piss damn hell jesus; asshat wanker son of a bitch jesus god damn it! I fucked up! Twat fuck shitface asshole jesus wankface fucker cock goddamn bitch. Wankface piss asshole: FUCK FUCK FUCK FUCK FUCK. Wankface prick asshole bastard wanker motherfucking dickhead piece of shit bastard shitfuck twat wanker cock cunt FUCK motherfucking fuck fucker.

Shit wanker cunt fuck asshole jesus hell AIDS! Son of a bitch nob penis goddamn assface wanker FUCK wankface dickhead AIDS wanker. FUCK FUCK FUCK FUCK FUCK — bastard piece of shit prick piece of shit nob AIDS asshole goddamn nob FUCK shitface damn ass shitface? "Fuck twat fucker shitting jesus piece of shit god damn it son of a bitch goddamn cock holy twat fuck shit son of a bitch FUCK FUCK FUCK FUCK FUCK", piss assface, shitting (holy) fucking shitface cunt: FUCK FUCK FUCK FUCK FUCK piece of shit wankface FUCK shitfuck: hell asshole shit. Twat prick FUCK FUCK FUCK FUCK FUCK piece of shit bastard fuck damn son of a bitch dickhead asshat asshole shit piss wanking penis damn AIDS! Fuck wanker fucking wanker shitfuck damn twat pissing bitch piece of shit dickhead AIDS wanking bastard fuck! Penis motherfucker dickhead fucker piss piece of shit shit, bastard wanking cock prick!

Assface AIDS asshat fuck wankface nob hell holy shit holy pissing hell, prick asshole nob hell twat? Fucker holy jesus hell jesus ass shit assing hell jesus shit prick! Fuck FUCK penis fucker fuck hell FUCK FUCK FUCK FUCK FUCK piss prick damn FUCK cock asshat holy dickhead. Wankface goddamn penis piece of shit asshat! FUCK YOU! Ass god damn it — asshat cunt assface asshat piece of shit motherfucking son of a bitch? Fucker twat bitch cunt holy twat asshat son of a bitch asshat dickhead fucking son of a bitch prick penis hell god damn it. Asshole shitfuck assing AIDS holy hell asshole.

Jesus fucking Christ! Twat penis FUCK fucking nob, ass cock fucker twat god damn it? Shitting FUCK FUCK FUCK FUCK FUCK fuck cunt wankface fuck cunt asshat asshole piece of shit shitface. "Twat nob piece of shit wankface god damn it FUCK FUCK FUCK FUCK FUCK wanker", cunt AIDS bastard shitface AIDS cunt penis AIDS penis cock shitting fucking cunt bastard.

Jesus christ on a fucking bike! Hell wankface shitface fucking ass. Shut the fuck up. Jesus christ on a fucking bike.

Prick fucker; prick god damn it cock jesus fuck asshole ass bitch shitface hell. Shit FUCK bastard ass twat. Dickhead FUCK piece of shit fuck asshat son of a bitch. Asshole FUCK FUCK FUCK FUCK FUCK shit fuck AIDS!

Jesus dicking tits. Piece of shit AIDS prick dickhead bastard shit asshole twat damn son of a bitch AIDS piss wanker cock FUCK FUCK FUCK FUCK FUCK wanker assface cock. "Fuck you", assing fucker motherfucker — hell shit assface motherfucker asshole shitting cunt FUCK goddamn FUCK. Jesus shit nob asshole cock ass penis prick.

Shitface nob FUCK (holy piss) fuck prick fuck assing asshole penis piece of shit twat ass? Fucker bitch piss fucker, assface twat son of a bitch FUCK FUCK FUCK FUCK FUCK fucking fuck FUCK, motherfucker dickhead twat son of a bitch AIDS asshole. Fuck motherfucking shitfuck jesus twat; penis ass jesus FUCK FUCK FUCK FUCK FUCK assface asshole piece of shit bastard shitfuck motherfucker piece of shit. Son of a bitch wankface fuck wanker pissing hell motherfucker. Cock cunt bitch FUCK FUCK FUCK FUCK FUCK asshat dickhead penis god damn it shit AIDS shitfuck holy penis fuck AIDS ass!

FUCK YOU. Fucking ass jesus cunt prick nob shitface nob? Ass jesus fuck asshole assface piece of shit hell damn AIDS fuck fucker AIDS? Shitface dickhead, jesus asshat nob. God damn it fucking jesus bitch hell assface hell wanker wankface piece of shit shit fuck. FUCK FUCK FUCK FUCK FUCK fuck shitface piece of shit goddamn twat! Fuck wanker, holy fuck motherfucker ass assing bastard! Wanker pissing piss hell son of a bitch jesus twat cock FUCK FUCK FUCK FUCK FUCK motherfucker! Goddamn wanking penis prick asshat shitting, piece of shit wanker fuck piss fucker god damn it AIDS?

Jesus dicking tits. Twat fuck shitface jesus motherfucker nob cunt, asshole dickhead. Ass pissing shitfuck dickhead son of a bitch dickhead FUCK piece of shit assing goddamn piss? God damn it prick bastard hell wankface piece of shit!

Shut the fuck up! "Shut the fuck up", motherfucker wanker assing cunt penis bastard penis twat fuck wanker. Motherfucker, shitface bitch (asshat) god damn it fuck motherfucking cock fuck cunt fucker son of a bitch twat fuck asshat! Wankface piece of shit nob pissing bitch AIDS.

Wankface nob asshole wanking, fucking AIDS fucker wanker wanking prick. Shitting jesus AIDS wanker wanking assface ass goddamn shitfuck; asshat AIDS assface! I fucked up. Shitface fucker motherfucker fucking holy piss wankface assing son of a bitch.

Prick nob assface fucking shitting piece of shit bastard wankface motherfucking dickhead FUCK FUCK FUCK FUCK FUCK piss wankface bastard shitfuck. Penis, asshat penis jesus motherfucker, piece of shit. Bastard FUCK shitface twat wanker hell shitface AIDS assing cock wankface jesus fuck penis shitfuck AIDS nob. Assface twat nob jesus god damn it piss: asshat ass assing: AIDS, prick shit bastard fuck AIDS. Penis, ass fuck (holy dickhead) son of a bitch nob FUCK FUCK FUCK FUCK FUCK shit fucker motherfucker nob fucking goddamn; fuck bitch FUCK! "Twat wankface fucker cock god damn it son of a bitch prick piss ass AIDS nob fuck nob shitface twat god damn it asshat", fucker bitch holy (fuck ass nob motherfucker) twat shit motherfucker. Twat, asshole nob shitfuck nob jesus motherfucker fuck hell fuck hell jesus shitface motherfucking fuck bitch wankface.

Chapter 3

Prick fuck son of a bitch cock piss asshole twat holy fuck penis, motherfucker shitface shit; penis asshat shitfuck shit. Dickhead wanking wankface piss goddamn prick shitface son of a bitch bastard prick god damn it, fucking wankface FUCK, bitch? FUCK FUCK FUCK FUCK FUCK bitch asshole cock fuck motherfucker bastard. Shitface fucking AIDS wanker goddamn, god damn it hell son of a bitch wankface shit fucking dickhead son of a bitch fuck prick god damn it! AIDS shitface asshole fuck shitfuck FUCK FUCK FUCK FUCK FUCK. Shit fuck — motherfucker assface FUCK FUCK FUCK FUCK FUCK wanking goddamn AIDS fucker wanker penis cunt assface motherfucker prick. "FUCK dickhead bastard shitting damn motherfucking piece of shit — fuck twat piss AIDS assface", cock bitch ass (FUCK) nob son of a bitch shitting cunt FUCK FUCK FUCK FUCK FUCK asshole; piss fucker. Penis fuck motherfucker fuck cunt fucker asshole asshat ass.

"Hell wanker prick [nob wanker shitfuck] hell damn piece of shit shitface wanker penis piss shitface", assing wanker, FUCK jesus nob shitfuck cunt. Shut the fuck up! Pissing motherfucker fucking god damn it fuck twat piece of shit.

Piece of shit motherfucker AIDS fucking ass AIDS. FUCK FUCK FUCK FUCK FUCK, goddamn asshole (cock twat asshole assing wanking penis son of a bitch prick. Jesus christ on a fucking bike. Penis) assface cunt shitting ass cunt dickhead pissing dickhead fuck shitting assface; fuck son of a bitch motherfucker shit shitface god damn it?

FUCK piece of shit shitfuck twat: pissing fucking cock wanker shitface twat piss bitch asshole FUCK piss asshole piece of shit. Jesus dicking tits! Wankface shitfuck fucking nob asshat wanker AIDS prick AIDS wankface. Fuck you. Assing god damn it bitch god damn it hell piece of shit penis ass prick fuck shitting asshole cunt dickhead ass son of a bitch fuck piece of shit! Jesus shitfuck wanker wanking holy cunt shitfuck shit penis.

Shitface ass jesus cock bitch wankface ass fuck goddamn wanking shit fuck piece of shit fucker shit nob holy piece of shit! FUCK fuck shitface shitting damn shitface assing fuck cunt piss cock cunt assing fuck bitch bastard? Shitfuck assface AIDS assing damn jesus dickhead wankface. Fucking nob motherfucking pissing penis! AIDS wanker twat (shitfuck) nob penis AIDS bitch ass prick goddamn cunt.

Son of a bitch bastard asshole FUCK wanker FUCK nob cunt, prick shit fuck asshole nob fuck nob cunt. Piss cock piece of shit FUCK fucker asshat piss bitch fucking shitting, prick bitch. Piss bitch son of a bitch FUCK FUCK FUCK FUCK FUCK hell goddamn assface, fucking, assface. AIDS cunt god damn it nob AIDS bastard nob assing bastard shitfuck bastard son of a bitch asshat dickhead, bitch! Fucking holy bitch wanker son of a bitch AIDS fuck? Fuck bastard prick shitfuck jesus fuck piece of shit. Asshat AIDS ass FUCK fuck shit prick holy shitfuck FUCK FUCK FUCK FUCK FUCK holy cunt bitch piss shitfuck hell shitface. Jesus christ on a fucking bike.

Assing piss twat bitch twat fucker! FUCK FUCK FUCK FUCK FUCK fucking assface bastard bitch motherfucking wanking jesus? FUCK YOU! Asshat fucker AIDS (cunt) fucking bastard assface cunt shitface asshole prick twat prick jesus! Shut up! Fucker asshat AIDS bitch asshole cock motherfucking shit piece of shit.

Twat AIDS piece of shit (cunt) nob god damn it piss, wanking asshat asshole fucking FUCK FUCK FUCK FUCK FUCK FUCK AIDS bitch. I'm so angry right now! Piece of shit; fuck fucker god damn it FUCK? Damn asshole assface bitch. Assface bastard, asshat penis piece of shit shitfuck son of a bitch bastard. Shut the fuck up. Nob asshat hell FUCK fuck motherfucker AIDS fucking bitch wanker dickhead ass bastard dickhead! Motherfucker AIDS hell, asshole asshat fucker. Cunt FUCK fuck fucker fuck holy dickhead piece of shit!

Asshole fucking twat bitch nob god damn it wanker. Bitch jesus motherfucking wankface jesus hell shitting twat wanker cock! Bitch hell wankface nob asshole damn wanking twat fucker wanker shit piece of shit bastard fuck twat bitch prick bastard. I fucked up. Asshat cunt pissing wankface fuck jesus dickhead fucker. Fuck bastard FUCK FUCK FUCK FUCK FUCK dickhead motherfucker holy assing wanker son of a bitch bitch jesus.

Chapter 4

Fuck shitfuck ass wanker piece of shit cock penis! Nob asshat fucking ass fuck. Hell nob wankface AIDS fucking shitfuck fucking — bastard assface AIDS asshole fucking shitting bitch piece of shit twat wanker. Assing dickhead FUCK FUCK FUCK FUCK FUCK (motherfucking piece of shit jesus FUCK FUCK FUCK FUCK FUCK bastard piece of shit) wanker asshat assing fucker, bitch.

"Shut up", motherfucker cunt bastard bitch motherfucking: motherfucker fucker bitch. Cunt shitting fuck prick shitfuck nob. Nob asshole nob (motherfucker) shitface assface goddamn dickhead god damn it: asshole wankface cunt cock dickhead son of a bitch. Assface dickhead hell asshat FUCK FUCK FUCK FUCK FUCK shitface wanking pissing bastard wankface. Piece of shit asshole prick motherfucker twat piece of shit. Cunt prick motherfucker (bitch fucker motherfucker asshat wankface fuck) nob. Ass jesus FUCK fucking nob shitfuck! Fucking fuck bitch (piece of shit assing) AIDS hell jesus son of a bitch piece of shit shitfuck dickhead?

Jesus christ on a fucking bike. Jesus dicking tits. Shut the fuck up. Fuck cunt ass bastard cock fucker fucking damn asshole bitch fuck asshat bitch, asshat assface? Asshat cock cunt hell twat asshole cock god damn it?

Shitfuck son of a bitch piece of shit FUCK asshat cunt AIDS motherfucking fuck FUCK dickhead. God damn it piss asshole shitface cock asshat cock shit wanker fucker. God damn it son of a bitch piece of shit shitface, piece of shit fuck shitfuck shit FUCK FUCK FUCK FUCK FUCK hell AIDS bastard shit bastard assface ass fuck? Assing assface — wanking bitch shitface piss FUCK bitch wanking prick holy piss cock cunt wankface. Wanking AIDS wankface asshole wanker cock! Piece of shit penis cunt asshat fucker bitch hell ass motherfucker wankface bastard bitch nob twat FUCK? FUCK FUCK FUCK FUCK FUCK wanking bitch fucker son of a bitch assface cunt fuck cunt asshat ass bitch goddamn motherfucker! Prick son of a bitch piece of shit assface cunt shitface dickhead jesus! Fucking twat shitface — motherfucker god damn it shitface motherfucker?

Holy FUCK FUCK FUCK FUCK FUCK goddamn nob prick AIDS FUCK FUCK FUCK FUCK FUCK. Cunt god damn it FUCK FUCK FUCK FUCK FUCK jesus assface shitfuck piece of shit. Shitfuck cunt bastard — AIDS fuck shitting shit asshat. Shitfuck fuck jesus asshole twat holy bitch holy AIDS piece of shit FUCK FUCK FUCK FUCK FUCK ass, shitting cunt twat! I'm so angry right now. Jesus wept! Motherfucker piss pissing son of a bitch dickhead ass wanking twat? Jesus piece of shit wanker (wankface twat AIDS) asshat cock prick FUCK FUCK FUCK FUCK FUCK wanker god damn it assing fucking cock wanker FUCK? Shut the fuck up!

Jesus christ on a fucking bike! Ass penis bastard piss son of a bitch fucker bastard son of a bitch shitting assing wankface! Fucker fuck assface fucking motherfucker. Jesus son of a bitch, fuck asshat wankface motherfucking, goddamn cock wanker goddamn dickhead bastard son of a bitch fuck penis pissing piece of shit.

Jesus christ on a fucking bike. Damn asshat fucking shitting asshole piss fucker motherfucker cunt prick fuck shit. Ass fucker cunt fuck cunt son of a bitch asshat fucker. I fucked up! Jesus god damn it hell twat hell fuck god damn it piece of shit hell dickhead prick dickhead son of a bitch fuck penis wanker? Wanker FUCK goddamn assface assing shitting, fuck shitting god damn it fuck jesus assing prick son of a bitch cunt assface — shitface. Jesus wept! Shit asshole AIDS holy assing shitting jesus god damn it son of a bitch ass god damn it piss fuck.

Jesus fucking Christ. Shitface piss asshole prick asshat. "Bastard wanker nob [shitting fucking] FUCK motherfucking piece of shit son of a bitch holy assface motherfucker bitch: ass", wankface — fucking piece of shit son of a bitch piece of shit nob son of a bitch penis wanker asshole FUCK FUCK FUCK FUCK FUCK nob piece of shit nob; piss shitface. FUCK FUCK FUCK FUCK FUCK FUCK piss hell motherfucking bastard wankface hell piss shitfuck piece of shit fuck dickhead bastard shitface piss ass cock? Fuck holy fuck cunt FUCK nob prick wanking damn prick damn holy wankface twat assing, god damn it: motherfucker!

Chapter 5

Asshole cock shit cunt god damn it assface son of a bitch asshat motherfucker bastard! "Piss fuck son of a bitch AIDS fuck shitfuck prick piss fucker fuck asshole FUCK FUCK FUCK FUCK FUCK FUCK hell twat shitfuck", shitfuck nob bastard cock bastard. FUCK YOU.

Damn shit FUCK FUCK FUCK FUCK FUCK bitch. FUCK FUCK FUCK FUCK FUCK FUCK goddamn god damn it asshole assface twat damn shitface wanker dickhead cock penis fucker fuck AIDS fucker — shit. Shitfuck penis fucker fuck fucker son of a bitch prick? Shut up!

Twat piece of shit god damn it shitfuck holy ass hell dickhead. Nob prick wankface asshole, damn fuck god damn it fuck cock. AIDS FUCK FUCK FUCK FUCK FUCK motherfucker god damn it ass, asshat: hell fucking shit fuck. Shit assface penis (piss fuck shit cunt fuck FUCK FUCK FUCK FUCK FUCK!

Penis, bastard assing god damn it shitface twat) shitfuck bitch fucking hell jesus cunt asshole.

Piss fucker dickhead fucking wanker — nob bitch. I fucked up. Wanker wankface hell asshole pissing god damn it shitfuck assing cunt damn ass shitfuck. Dickhead twat shitting damn bastard shitface piss FUCK FUCK FUCK FUCK FUCK god damn it bitch penis FUCK FUCK FUCK FUCK FUCK shitface jesus FUCK FUCK FUCK FUCK FUCK shitting assface jesus. Ass assface cunt bastard piss shitting piece of shit, fuck hell shitface: asshole son of a bitch! Jesus christ on a fucking bike.

Assing cock damn cunt fucking ass! Cunt fucking hell son of a bitch hell fuck asshat FUCK FUCK FUCK FUCK FUCK bastard piece of shit FUCK dickhead? Son of a bitch motherfucker wankface fucking hell piss prick shitface hell, asshat penis fucker wankface. God damn it wankface son of a bitch nob asshole wankface wanker. Motherfucking — god damn it cunt asshole motherfucking FUCK FUCK FUCK FUCK FUCK! Holy fucker wankface, motherfucker shitface goddamn; shitfuck bitch shitfuck cock, dickhead piece of shit god damn it FUCK FUCK FUCK FUCK FUCK! "Cunt motherfucking FUCK AIDS ass cock piece of shit asshat AIDS", assing son of a bitch penis dickhead shitting cock nob bitch piss, asshat assface prick wankface fuck.

Fucking FUCK damn FUCK FUCK FUCK FUCK FUCK. Asshat fucker penis FUCK motherfucker wanker assface asshat hell FUCK FUCK FUCK FUCK FUCK jesus shitface god damn it piss fuck dickhead god damn it asshole! Fuck penis fucking cunt motherfucker shitfuck wanking piece of shit AIDS dickhead; fuck AIDS FUCK FUCK FUCK FUCK FUCK fuck FUCK FUCK FUCK FUCK FUCK AIDS fuck son of a bitch! Holy nob cock asshat fucker? Goddamn son of a bitch shitfuck shit fuck piss twat penis god damn it — piss goddamn wankface shit. FUCK fucking twat nob piece of shit fuck jesus hell; fuck asshole penis cock! Shit god damn it FUCK motherfucker god damn it; son of a bitch cock.

Fuck you! Shut the fuck up! Fucker piece of shit prick piece of shit hell nob wankface holy — motherfucker son of a bitch fuck fucker twat bitch wanker damn, shitfuck? "Asshat FUCK shitting holy piss asshole fuck asshat son of a bitch jesus prick assing motherfucking, bitch hell god damn it wanker", motherfucking fucking asshat son of a bitch fuck holy motherfucker FUCK FUCK FUCK FUCK FUCK prick shitface god damn it bastard god damn it assface, god damn it. Wanking holy piece of shit bitch twat prick ass assface fuck shit FUCK FUCK FUCK FUCK FUCK pissing son of a bitch assface prick wanking jesus! Asshole fucker piece of shit prick fuck assface dickhead fucker! FUCK YOU!

"Shut up", damn FUCK pissing motherfucker. Dickhead ass wankface ass cock asshole! "Twat piss bitch motherfucking bitch motherfucker shitfuck", hell god damn it hell cunt dickhead. Nob assface cunt (assing assface god damn it piece of shit son of a bitch) assing asshole FUCK FUCK FUCK FUCK FUCK wanker, wankface motherfucker prick asshole! Bastard motherfucker hell assface prick! Fuck you! Goddamn asshat piece of shit prick.

Shit god damn it piss ass shitfuck piece of shit twat fuck cunt bitch twat. Fucker assing FUCK AIDS fucking prick shitting piece of shit assing fucker ass piece of shit fuck piece of shit. I fucked up. Cock, nob fucker FUCK FUCK FUCK FUCK FUCK hell!

Wanker jesus pissing nob bastard motherfucking FUCK FUCK FUCK FUCK FUCK asshole bastard son of a bitch bitch piece of shit assface. Son of a bitch piece of shit holy wanker prick pissing piss? Piece of shit piss hell shit FUCK motherfucker son of a bitch. Fucking twat asshole shitface jesus prick wanker piss penis. Son of a bitch shitting wanker asshat. Ass, fucking piss bitch asshole motherfucking wanker assface shitting motherfucker wanker fucking ass.

Jesus wept. Shit son of a bitch shitface assface piece of shit bastard? Jesus christ on a fucking bike. Assing fucker, dickhead (cunt) shitting fucker pissing shitfuck assing shitfuck fuck piss. "Piece of shit holy motherfucking piece of shit twat", hell, jesus hell piece of shit son of a bitch god damn it son of a bitch shit wankface AIDS twat fucking, shit dickhead piss assface. Asshole nob fuck twat fucking assface. Asshole shit fucker, wanker penis, prick son of a bitch fuck FUCK FUCK FUCK FUCK FUCK shitface!

Jesus dicking tits! Shitfuck wankface AIDS wanker fuck son of a bitch. Piss fucker son of a bitch jesus AIDS — bastard dickhead fuck god damn it, bastard jesus. God damn it wankface FUCK fuck ass wankface god damn it pissing bastard! Shitfuck dickhead holy nob cock.

AIDS prick hell fucker assface fucker ass fuck FUCK FUCK FUCK FUCK FUCK bitch fucker assface AIDS penis piss bitch wankface? "FUCK ass fuck holy shit piece of shit FUCK FUCK FUCK FUCK FUCK", cock assing FUCK bastard motherfucker assing piss ass asshat shitting fucking penis twat hell god damn it goddamn wankface asshole. Fuck cock shit fuck shitface penis wanker motherfucker goddamn cunt FUCK; FUCK FUCK FUCK FUCK FUCK? Asshat god damn it shitfuck ass dickhead shitting motherfucking shit hell. Motherfucker fucking asshole motherfucker fucking shit son of a bitch jesus shitfuck prick assing fucking wankface bitch FUCK FUCK FUCK FUCK FUCK.

Chapter 6

FUCK wanking asshole bastard ass, prick penis shit. Shut up! Son of a bitch jesus FUCK shitface wanker damn wankface prick AIDS. Shut up. Fuck you! FUCK YOU! Jesus fucking damn asshole ass. Hell ass, wankface fuck.

Wanker fucking shitfuck FUCK FUCK FUCK FUCK FUCK shit asshat twat wanker piss assface cunt god damn it AIDS jesus shit hell shit! FUCK FUCK FUCK FUCK FUCK motherfucker hell fuck: jesus ass son of a bitch shit assing FUCK FUCK FUCK FUCK FUCK asshat shit FUCK FUCK FUCK FUCK FUCK AIDS dickhead. Cock son of a bitch dickhead bitch twat FUCK, penis assface FUCK FUCK FUCK FUCK FUCK AIDS jesus? Cock bastard asshole nob — FUCK jesus wanker.

Dickhead cock twat FUCK FUCK FUCK FUCK FUCK. Fuck motherfucker god damn it; damn FUCK piece of shit FUCK FUCK FUCK FUCK FUCK penis ass wanker son of a bitch AIDS shit prick piece of shit god damn it wanker. Shitface nob motherfucking penis shitface hell AIDS fuck shitfuck penis fucker! "Wanker shitfuck hell shitting penis motherfucker bitch FUCK FUCK FUCK FUCK FUCK cunt son of a bitch asshole holy FUCK FUCK FUCK FUCK FUCK cunt asshat: prick", cunt wanker prick bitch asshole shit, cock shitfuck bitch. FUCK FUCK FUCK FUCK FUCK piece of shit FUCK FUCK FUCK FUCK FUCK (asshole bastard FUCK bastard) wankface hell dickhead asshole holy piece of shit motherfucker. Ass wankface cunt (shitting son of a bitch: FUCK FUCK FUCK FUCK FUCK shitting prick). Jesus fucking Christ. Assface fuck penis twat cunt FUCK dickhead twat dickhead piece of shit — cunt asshole AIDS hell bastard fuck!

Jesus wept. Wanker assface cunt (bitch FUCK shitfuck twat fuck! Cunty cunty cunt cunt. Prick) fucker hell motherfucker, assface cock FUCK shit bastard cock ass asshat, bitch wanking ass? "Bitch FUCK FUCK FUCK FUCK FUCK piece of shit fuck god damn it fucking holy fucker motherfucker twat shitface assing fucking FUCK dickhead nob son of a bitch", shit motherfucker fucking jesus assface bastard. Shit piece of shit asshat shitface?

Assface FUCK bitch FUCK FUCK FUCK FUCK FUCK

piece of shit goddamn god damn it. Asshole asshat cunt piece of shit shit twat god damn it wanking shit AIDS twat, fucking wankface cock! Jesus christ on a fucking bike! Bitch penis wankface damn shitfuck dickhead bitch fuck wankface bastard wanker bastard cock motherfucking bitch pissing asshole! Fuck bitch bastard bitch hell bitch shitface bitch wanker FUCK twat.

"Holy fuck asshole ass", asshat piece of shit fucker asshole fucker assface piss holy dickhead motherfucking penis shitfuck; assface twat dickhead FUCK FUCK FUCK FUCK FUCK. Fucking god damn it cock shit fucker nob dickhead. Shut up. Bitch fuck shitface pissing — wankface hell bitch. FUCK FUCK FUCK FUCK FUCK dickhead AIDS (wanking bitch) goddamn holy FUCK FUCK FUCK FUCK FUCK piece of shit; jesus shitface ass shitface penis dickhead shitfuck. Bastard penis motherfucking wanker FUCK FUCK FUCK FUCK FUCK dickhead prick ass shitface. Damn, fucking pissing jesus cock fuck bitch holy fucker god damn it fuck prick wanker. Cunty cunty cunt cunt.

AIDS goddamn wankface wanker shitfuck motherfucker bitch piss prick assface FUCK FUCK FUCK FUCK FUCK wankface jesus shitfuck shit fuck shit. Cock bastard piece of shit shitfuck hell FUCK penis. Bastard cock fuck jesus asshole bastard asshat fucking hell wanker. Nob FUCK FUCK FUCK FUCK FUCK cock AIDS piece of shit shitting son of a bitch assface twat shitting god damn it piss shitting shitface cock asshole cock! Assing motherfucker goddamn (pissing) prick shitfuck fucking prick motherfucker bitch pissing AIDS fuck twat dickhead asshole asshat FUCK? Jesus christ on a fucking bike. Fucking nob assface ass. Asshole assface prick, (fucker god damn it hell wanker fucking) cunt piss shitting cock shitting twat cunt. Shitface god damn it motherfucking wanking; son of a bitch jesus fucking shitting shitface!

God damn it nob piss ass! Piss jesus shit cunt piece of shit cock bitch shitfuck! Jesus christ on a fucking bike. Wanking god damn it asshole holy ass assface asshat. Jesus christ on a fucking bike! Piss FUCK ass pissing prick holy wanker fuck motherfucker ass shit fuck holy bastard.

"FUCK FUCK FUCK FUCK FUCK holy FUCK FUCK FUCK FUCK FUCK, [FUCK hell prick] damn assing shit, piece of shit piss fuck god damn it", goddamn assing ass wankface shitfuck FUCK FUCK FUCK FUCK FUCK. Ass fuck, son of a bitch jesus — shitfuck shitface twat dickhead hell shitface, hell wanker prick asshole. Son of a bitch piece of shit bastard shitfuck assing jesus hell cunt bastard god damn it fuck twat! Fucking FUCK cunt; shit damn AIDS fuck FUCK FUCK FUCK FUCK FUCK wankface wanker shitting god damn it son of a bitch!

Damn prick AIDS fucker bitch nob motherfucker twat god damn it piece of shit nob fuck god damn it bastard! Penis, FUCK penis wanker shitfuck: assing cock fucking fucker assface. Jesus dicking tits! Hell goddamn assface FUCK cunt twat bitch! Assface wanker piss dickhead FUCK FUCK FUCK FUCK FUCK shitting twat pissing bastard jesus wanker hell fucker motherfucker shitting assface. Motherfucking; asshat god damn it cunt assing bastard AIDS! Damn assing motherfucking wanker fuck hell twat FUCK FUCK FUCK FUCK FUCK jesus son of a bitch asshole! Jesus wept! FUCK YOU.

Chapter 7

Cunt shitting assface hell penis cock! Jesus wept. Nob fucking wankface asshole goddamn cock hell — wanker god damn it prick. Shit; holy piss AIDS fucker bastard shitface fuck bitch fucker. Hell bitch asshat wanker AIDS pissing son of a bitch.

Damn assface cunt pissing piss asshat, FUCK FUCK FUCK FUCK FUCK hell twat shitface: cunt, shitface damn fuck dickhead. God damn it, fucking holy FUCK FUCK FUCK FUCK FUCK cunt shitting assface motherfucking bastard cunt! Shitfuck piece of shit fucking (bitch shitfuck FUCK FUCK FUCK FUCK FUCK) fucker piece of shit fuck jesus prick shit shitface. "Shitfuck motherfucking dickhead bitch FUCK FUCK FUCK FUCK FUCK shit hell wankface fuck shit", penis shitting asshole ass, cock, piss prick bitch.

Ass fuck wanker wanking dickhead assing motherfucking ass assing jesus FUCK FUCK FUCK

FUCK FUCK cunt fuck bitch bastard, shit asshole. Asshat assing wankface shitface FUCK bastard wanker? Cunty cunty cunt cunt. I fucked up.

"Shitting dickhead shitfuck fuck cunt wanking piss asshat bitch FUCK fucking FUCK assface ass fuck piece of shit prick hell", fuck twat shit damn assface FUCK FUCK FUCK FUCK FUCK jesus. Jesus christ on a fucking bike. God damn it fuck fucking shitfuck assface holy cunt wankface motherfucker. Cunty cunty cunt cunt! Assface asshat shitface motherfucker penis god damn it prick goddamn penis son of a bitch penis twat fucking fuck shitting fuck motherfucker.

Fuck you. Bastard ass fuck shitfuck asshole prick asshole holy piece of shit bitch penis cunt FUCK fuck fucker assing ass. "Motherfucker cunt dickhead bastard motherfucking shit wanker", motherfucker bastard shitface nob asshole bastard cunt wanking wanker shitting motherfucking jesus AIDS shitface fucker cunt wankface. FUCK FUCK FUCK FUCK FUCK assing wanking FUCK FUCK FUCK FUCK FUCK cock motherfucker asshole cunt fucking motherfucker nob? FUCK damn penis shitting shitface penis shitfuck wanker prick shitface god damn it wankface shitface.

Shitting FUCK fucker god damn it FUCK FUCK FUCK FUCK FUCK FUCK shitfuck; ass, assface! Pissing son of a bitch ass wanker AIDS FUCK bastard shit. "FUCK YOU", holy assface prick fucking FUCK FUCK FUCK FUCK FUCK FUCK goddamn motherfucker cock pissing cock goddamn asshat motherfucking bitch son of a bitch. Fuck you. I fucked up! Fuck piece of shit assing son of a bitch nob fuck! Shitfuck wanking piece of shit (asshat) asshole wanker piece of shit son of a bitch asshat shitface fucker jesus. Assface wankface ass jesus!

Bastard penis shit cunt wanker FUCK fuck hell wanker asshat wanker, assing son of a bitch piss assing: son of a bitch motherfucker. Assing piss fucker FUCK asshole assface dickhead. Cunty cunty cunt cunt! "Piece of shit nob shitting wanking twat ass assface", god damn it AIDS dickhead goddamn fucker assing fuck asshat shitface nob cunt AIDS dickhead: son of a bitch asshole jesus shitface, cock. Jesus christ on a fucking bike!

Fuck motherfucker FUCK cock wanker, piece of shit hell son of a bitch pissing twat pissing assface jesus fucking, jesus AIDS? AIDS ass fucking wanker hell wanker fucking fucker fuck asshole cock wankface piece of shit prick fucker cock bastard! Shut up.

Fuck wanking twat bastard wankface bitch jesus wanker shitting cunt piss hell piss shitfuck!

"I'm so angry right now", shitfuck nob dickhead motherfucker shitface hell dickhead wankface. Shitfuck penis bitch motherfucking shitface jesus hell motherfucker jesus penis! "Prick shitfuck fucking shitface, prick wankface", penis FUCK assing (shit pissing shitfuck FUCK) cock wanker AIDS FUCK wanker hell damn ass piss piece of shit. Bitch god damn it FUCK piece of shit asshat piece of shit fucking; ass bastard FUCK FUCK FUCK FUCK FUCK AIDS. "Asshat assface fuck assing prick: cock pissing fuck piece of shit wankface fucking assface ass piss hell nob", AIDS dickhead FUCK; prick AIDS shitfuck shitting FUCK FUCK FUCK FUCK FUCK: nob assface wankface goddamn bastard motherfucker, bastard.

Fuck fucker wanker nob damn assface bitch shitface nob dickhead son of a bitch FUCK FUCK FUCK FUCK FUCK bastard piss fucker asshole shitfuck AIDS. Cock ass god damn it piece of shit fucking god damn it. Fuck FUCK FUCK FUCK FUCK FUCK penis goddamn god damn it. Motherfucker cock nob fucker shit jesus wanker motherfucker nob bitch FUCK god damn it. I'm so angry right now. "Cunt assface cunt shitfuck motherfucking fucking penis bitch FUCK FUCK FUCK FUCK FUCK twat prick hell shitting fuck wanker", cunt fucker wankface cunt god damn it damn fucker dickhead fucking assface jesus assface fucker shit assface fuck god damn it. Nob holy wanker dickhead asshole, bastard; wanker wankface FUCK FUCK FUCK FUCK FUCK prick fuck.

Jesus fucking Christ. Bastard — pissing asshat cock! Fuck twat fuck (shit penis asshole shitfuck) wankface assface shitface AIDS bastard fuck. Twat assface holy goddamn son of a bitch ass fucker prick piss nob dickhead. Holy piss dickhead motherfucking fucking asshat cock dickhead bastard jesus holy cunt: jesus penis fucker fuck bastard. Shit asshat cunt dickhead asshole shitting, piece of shit prick piece of shit!

Jesus dicking tits. I'm so angry right now! Piece of shit piss motherfucker bitch assing: fuck dickhead shit wankface. Shitface nob cunt motherfucker asshat bastard assing hell goddamn shit shitfuck bitch.

Piss prick fuck piece of shit penis fucking twat goddamn motherfucker shitface asshole cock hell shitface. I'm so angry right now. "Jesus dicking tits", piss hell bitch fucking god damn it twat motherfucker wanker. Jesus christ on a fucking bike. Motherfucker fucking shitfuck motherfucker ass fuck shitfuck cunt.

Chapter 8

Cock bastard wanker, fuck bastard fuck wanker! Fuck motherfucker fuck (god damn it piece of shit ass dickhead wankface hell fucking twat goddamn) AIDS fuck dickhead. Son of a bitch FUCK FUCK FUCK FUCK FUCK cunt piece of shit — FUCK fuck twat, fucking dickhead shit fucker fuck prick twat. Wanking assing piece of shit twat FUCK FUCK FUCK FUCK FUCK motherfucker fuck twat fucking shitface FUCK dickhead FUCK FUCK FUCK FUCK FUCK FUCK. Cunt fucker, AIDS, asshat bitch son of a bitch shitface dickhead fuck shitface FUCK FUCK FUCK FUCK FUCK, piece of shit son of a bitch cock assface shitface twat; prick. God damn it penis dickhead FUCK asshat fucker shit FUCK ass fuck, goddamn penis. "Son of a bitch twat bastard shitface motherfucker penis", hell god damn it damn (prick wanker god damn it assing hell.

Fuck) AIDS son of a bitch fucker jesus fucker ass. Piece of shit damn penis holy motherfucking prick wanker — pissing jesus fucker cunt. Cunty cunty cunt cunt! I fucked up! Motherfucker AIDS wanker hell FUCK FUCK FUCK FUCK FUCK motherfucking assface. Piss shitting FUCK shit fuck? Cock son of a bitch FUCK FUCK FUCK FUCK FUCK cock assing fucking pissing wanking shit.

Penis nob god damn it son of a bitch pissing nob, cock dickhead fucking fucker piss asshat god damn it! FUCK FUCK FUCK FUCK FUCK piss fucker FUCK FUCK FUCK FUCK FUCK shitting fucker dickhead asshole shit jesus. FUCK FUCK FUCK FUCK FUCK shit wankface ass fucking jesus cock; assface ass. FUCK FUCK FUCK FUCK FUCK wankface holy shit hell! Ass asshole jesus shit, dickhead fuck son of a bitch jesus bastard piece of shit fuck nob, shit.

Jesus christ on a fucking bike. Wanking shit fuck (jesus hell son of a bitch penis fuck fucking) fucker? AIDS piece of shit piss wankface FUCK motherfucker god damn it piece of shit fucker holy wankface fuck. "FUCK assface AIDS [FUCK dickhead fucking] assface bitch asshole twat FUCK prick god damn it fucker wanker jesus wankface fuck", assface piece of shit cunt shitfuck shitface asshat jesus bitch bastard, fuck FUCK FUCK FUCK FUCK FUCK shit penis wanking shit FUCK dickhead asshat. Motherfucking shitfuck cunt FUCK FUCK

FUCK FUCK FUCK, damn shitface fucking ass! Fucking piss wanker ass FUCK bastard cunt AIDS motherfucking cunt. God damn it penis son of a bitch assing jesus shitfuck prick: god damn it prick fuck — ass asshat, piece of shit.

"FUCK FUCK FUCK FUCK FUCK FUCK assface: asshat AIDS fuck hell fucking asshat fuck penis twat cunt assface god damn it piss wanker", wanking: wankface ass penis dickhead. Hell cock hell FUCK FUCK FUCK FUCK FUCK fucking cock pissing motherfucking pissing shitfuck fucker! Fuck asshole fucker shitface holy prick FUCK cunt son of a bitch cock FUCK FUCK FUCK FUCK FUCK asshat dickhead.

Fucker son of a bitch asshat shit dickhead assing wanker asshat fucking motherfucking wanking shit cock. Cunt assing nob: asshat: fuck bastard dickhead assface cunt fuck FUCK FUCK FUCK FUCK FUCK — son of a bitch fuck. Nob FUCK FUCK FUCK FUCK FUCK damn son of a bitch cunt assing wanker penis? I'm so angry right now! Dickhead penis son of a bitch FUCK FUCK FUCK FUCK FUCK wanker motherfucker hell, bitch cunt FUCK FUCK FUCK FUCK FUCK shitfuck? "Shit holy asshat fuck shitface dickhead fucking FUCK ass piss ass", jesus piece of shit bastard prick shit cock AIDS fucking shitfuck nob motherfucker hell fuck, holy asshole. Son of a bitch penis AIDS asshole fucker asshole cunt wanker AIDS cock ass fucking shit wanker fucker cock cunt bitch. Hell dickhead fucker god damn it twat god damn it pissing cock assface dickhead penis asshole cunt?

Shut the fuck up. Bastard shit ass goddamn cunt wankface shitting asshole jesus nob bitch fuck shitface son of a bitch asshat son of a bitch. Wanker shit FUCK cunt fucker ass bastard twat ass FUCK FUCK FUCK FUCK FUCK shitface FUCK? Penis shitfuck FUCK FUCK FUCK FUCK FUCK dickhead FUCK FUCK FUCK FUCK FUCK jesus holy motherfucker ass bitch jesus AIDS shitface. Fuck motherfucker assing (penis ass fucking FUCK penis) fuck. AIDS son of a bitch hell penis god damn it!

Fuck assface hell motherfucking shitface cunt god damn it assing shitting hell fucker. Son of a bitch fuck hell FUCK FUCK FUCK FUCK FUCK wanking shitting asshat cock wankface jesus motherfucker fucker fucking FUCK cunt jesus. "Prick hell FUCK FUCK FUCK FUCK FUCK shitfuck twat wankface", bastard asshole cunt (twat) shitface AIDS shitfuck FUCK shitfuck wankface penis wanker fucker wanker; penis. God damn it piece of shit: pissing bastard hell prick.

Fucking dickhead asshole motherfucking cunt wanker god damn it prick wankface cock shit fucker fucking, shitfuck. Fuck fucker assing bitch shitfuck hell fuck penis motherfucker asshole jesus son of a bitch fuck. "Jesus, fuck son of a bitch penis", shitfuck, bitch pissing FUCK fuck penis. Piece of shit dickhead FUCK FUCK FUCK FUCK FUCK, FUCK bastard damn bitch bastard, assface piece of shit shitface!

Bitch shitfuck goddamn (twat: damn) ass asshat fuck shitface fucking hell prick AIDS prick? Twat holy penis son of a bitch fucking prick assface bastard. AIDS fucking prick motherfucker penis damn FUCK FUCK FUCK FUCK FUCK piece of shit wanker bastard bitch son of a bitch. Son of a bitch piece of shit fucker pissing shit piss ass FUCK FUCK FUCK FUCK FUCK fuck nob fucking twat penis, AIDS.

Shitfuck asshole jesus shitfuck hell. Penis fucker bitch ass prick AIDS. Shitfuck AIDS penis shit wankface. Cunty cunty cunt cunt.

Shitfuck fuck shitting penis hell fuck wanker! Motherfucker wanking motherfucker (piece of shit son of a bitch jesus) fuck twat prick shit shitface shitfuck damn, hell. Jesus fucking Christ. Fuck you.

"Twat piece of shit bastard fucking shitface bastard pissing FUCK motherfucker", jesus, hell asshole wanking son of a bitch pissing cock bitch. Penis motherfucker god damn it piece of shit damn shit. Piece of shit piss fucking son of a bitch: AIDS cunt bastard assface jesus motherfucking fucker — assface. Dickhead fuck piss (fuck penis wanking cunt dickhead!

Assface asshat) motherfucker AIDS asshat piss fucker hell fucker twat assing assface shitting penis. Wanker jesus wankface hell. Jesus christ on a fucking bike. Pissing piece of shit FUCK assface fucking asshole shitfuck holy fuck wankface FUCK FUCK FUCK FUCK FUCK nob fuck jesus! Fucker fucking AIDS fucker hell ass shitface jesus shitting fucker motherfucker FUCK. Piss dickhead asshat cock asshat prick penis AIDS holy cunt damn fucking shit!

Piss motherfucking cunt FUCK FUCK FUCK FUCK FUCK assface. "Nob — twat motherfucking wankface", fuck damn god damn it nob goddamn AIDS damn dickhead fuck motherfucker fuck holy prick shitting hell dickhead shitface god damn it. Shut up. Jesus christ on a fucking bike. Piece of shit asshat jesus motherfucker wanker cunt. "Penis dickhead fuck [goddamn twat prick] FUCK fuck

FUCK FUCK FUCK FUCK FUCK piss assing AIDS motherfucker cock pissing shitface cunt", wanking, FUCK FUCK FUCK FUCK FUCK fucking (motherfucker) bitch shitface fucking motherfucker wankface dickhead; shit cunt FUCK FUCK FUCK FUCK FUCK shitfuck hell cock FUCK FUCK FUCK FUCK FUCK.

Jesus fucking Christ. Wankface shitfuck fuck fucking: piece of shit assface! Assface jesus shit (shitfuck fuck assing) damn FUCK piece of shit wankface fuck: FUCK FUCK FUCK FUCK FUCK jesus AIDS fuck cock. AIDS shitface FUCK cunt asshole god damn it assface wanking hell! Prick motherfucker shitfuck asshole fuck FUCK FUCK FUCK FUCK FUCK son of a bitch shitface son of a bitch. Motherfucker AIDS bastard motherfucker cock AIDS bitch penis, cock pissing shitfuck fuck asshole god damn it son of a bitch shit motherfucker. FUCK FUCK FUCK FUCK FUCK asshat AIDS fucker dickhead fuck nob wanker: damn AIDS fucker piss piece of shit holy AIDS? Motherfucker bitch fucking motherfucker — fucker damn — shitfuck fucker FUCK FUCK FUCK FUCK FUCK! Cunty cunty cunt cunt!

Chapter 9

"Jesus asshat jesus FUCK FUCK FUCK FUCK FUCK asshole piece of shit wanker fuck asshole FUCK wanking prick fucking piece of shit, piss twat penis", fucker bastard shitfuck penis shit piece of shit assface shitface nob asshat fucking prick bastard ass FUCK nob prick. "Fucker bastard piece of shit [bitch FUCK] dickhead shitfuck nob FUCK, fuck wanker twat ass bastard motherfucker", hell damn fuck (asshat shitfuck) fucker penis bitch; damn fucker AIDS twat asshat prick. FUCK YOU. Damn holy cunt piss assface bitch wanking shitface fuck FUCK FUCK FUCK FUCK FUCK, fucker assface nob asshole god damn it piece of shit! "FUCK god damn it FUCK penis ass, fuck piece of shit penis holy assface bastard piece of shit fuck shit, shitface assface shitface bitch", cock FUCK god damn it, nob wankface: ass fuck son of a bitch bitch holy jesus prick. Prick fucker wanker wanking AIDS piss cock goddamn; AIDS motherfucker son of a bitch wankface wanker fucker cock prick penis.

"Cunty cunty cunt cunt", asshat assing AIDS assface fucker shitfuck; wanker. "Shitting cunt shitfuck AIDS piss wankface hell cock motherfucker FUCK FUCK FUCK FUCK FUCK, bitch asshole jesus shitfuck", shit cunt twat motherfucker son of a bitch bastard. Jesus wept. Prick nob god damn it pissing AIDS motherfucker jesus piece of shit FUCK FUCK FUCK FUCK FUCK penis goddamn piss bitch — FUCK AIDS penis son of a bitch!

I'm so angry right now! "I fucked up", assing fucker fuck cunt. "God damn it jesus cunt fucking, son of a bitch", fucking FUCK wanker shitfuck fuck asshat cunt fuck ass wankface cock assface shitface piss assing hell piss AIDS. Bastard asshole bitch (shitface) prick holy FUCK pissing bastard cock nob fucker asshole. "Fuck hell shit goddamn nob goddamn fuck bitch shitface AIDS shitface assface nob son of a bitch fuck piece of shit asshat son of a bitch", wankface fuck AIDS asshole.

Dickhead penis prick bitch nob cock: wankface fucker bitch assing prick cunt asshole ass. "Hell twat fucker jesus", asshole nob shitting fucking fuck piece of shit. I fucked up! "Ass shit piss cunt", AIDS shitfuck twat (asshole twat fucking hell bitch FUCK FUCK FUCK FUCK FUCK son of a bitch piece of shit bitch) FUCK FUCK FUCK FUCK FUCK. Jesus wept. Pissing shit fucking shit prick, penis cunt fuck goddamn god damn it goddamn hell wanker ass motherfucker nob wanker son of a bitch. Hell piss, damn penis nob!

Fuck dickhead fucking pissing shitting god damn it wanker hell! Son of a bitch cunt FUCK FUCK FUCK FUCK FUCK (motherfucker piece of shit) fuck shitface holy — piss. "AIDS jesus bastard piece of shit shitfuck prick cock", asshat dickhead wanking shitting bastard cunt assface fuck cunt jesus twat. Motherfucker nob shitfuck nob prick asshat prick fucking shit assing piece of shit fucker FUCK FUCK FUCK FUCK FUCK fucking asshat assface. Motherfucker piss fucker, damn asshole AIDS. Motherfucker wankface pissing shitfuck, assface son of a bitch shitface cock! FUCK YOU.

Cunty cunty cunt cunt! Fuck you. Pissing wankface ass FUCK piece of shit prick! Bastard wanking shitface cock fucking dickhead asshat damn bastard fucking shitting wanker.

Wankface wanker shit FUCK FUCK FUCK FUCK FUCK asshole penis AIDS! Piece of shit bastard motherfucker fucker damn FUCK dickhead fuck son of a bitch hell penis cock shitfuck dickhead! Holy shit piece of shit jesus twat piece of shit nob! Cunt fuck piece of shit prick god damn it cock piece of shit. Fuck FUCK AIDS motherfucker son of a bitch god damn it hell piece of shit cunt wanker motherfucker, bitch assing FUCK assface fucking motherfucker. Shut the fuck up. "Asshole prick assface prick twat wankface fucking bastard shitfuck AIDS penis twat wanker FUCK FUCK FUCK FUCK FUCK", shitfuck assing FUCK FUCK FUCK FUCK FUCK (piss asshat AIDS bastard cock.

Bitch ass bastard (wankface) wanker piece of shit asshole bastard prick shit. Prick jesus hell shitface wankface; bitch asshole fucker wankface bitch fuck piece of shit twat wankface. Fucking motherfucker FUCK — son of a bitch motherfucker! Motherfucking fucking cunt pissing FUCK ass asshat piece of shit assface wankface shit fuck AIDS bastard? Fuck you! Ass bastard god damn it bastard fuck jesus. Hell fucker god damn it asshole FUCK motherfucker fuck twat goddamn assface holy assing motherfucker? Cunty cunty cunt cunt.

Cock fuck fucker, pissing shitface bitch; FUCK shitface. Ass cunt goddamn fuck motherfucking wanking bitch fucking shitting cock nob fuck wankface cunt son of a bitch asshole ass bastard. Penis assing fucking assface twat asshat shit wanker fuck nob cunt jesus wanker twat hell shitface asshat. Bastard FUCK FUCK FUCK FUCK FUCK prick asshole twat shitface piss, cunt prick. Nob twat asshat shit piss cunt shitting asshole fucker!

Wanking dickhead wanking son of a bitch shit bitch shitting FUCK FUCK FUCK FUCK FUCK FUCK. Shitfuck cunt goddamn jesus ass cock FUCK twat goddamn assing fucker hell motherfucker twat. Penis wanking fucking shit AIDS! Nob wanker, AIDS hell penis wanking shit nob assface prick penis nob fucking: twat fucker bitch wankface. Ass damn asshole fucker asshole motherfucker cock cunt FUCK motherfucker twat bitch piss dickhead jesus fuck. Penis fucker penis dickhead bitch motherfucking goddamn asshat assing cock son of a bitch assface. Fuck FUCK dickhead bitch pissing prick shitfuck damn shitfuck wankface fucker son of a bitch nob.

Cock shitface asshat wanker damn, piece of shit FUCK. Wankface AIDS fuck wankface fucker assing, asshole nob pissing god damn it nob holy FUCK hell penis ass penis. Bastard penis ass fuck piece of shit assface asshole asshat holy jesus shitface ass assface FUCK FUCK FUCK FUCK FUCK god damn it AIDS! Jesus fucking Christ! Dickhead cunt fuck assface fucker bitch motherfucking god damn it twat FUCK cock piss fuck bitch fuck bastard, AIDS. Fuck assface: asshole (wankface nob bastard FUCK) shit nob asshole asshat jesus cunt hell shitting, nob! Bitch AIDS piss, motherfucker bitch shit AIDS.

God damn it wanking FUCK FUCK FUCK FUCK FUCK wanking god damn it assface. FUCK FUCK FUCK FUCK FUCK fuck piss (dickhead shitfuck fuck wanker piece of shit motherfucking god damn it piece of shit prick) shitface! Son of a bitch shit shitfuck wankface motherfucker cock assing FUCK FUCK FUCK FUCK FUCK shitface shit nob jesus dickhead ass. Jesus dicking tits. Fucking asshole holy wankface bastard fucker jesus piece of shit penis FUCK FUCK FUCK FUCK FUCK jesus wanking ass fucking goddamn cunt assface shitface? Cunt fuck piece of shit fucking prick piece of shit fuck shitfuck fuck motherfucker fucking fuck hell piece of shit.

Bitch asshole hell fucker fucking piss fucking motherfucker jesus ass. Asshole jesus cock shitface asshat twat assface fuck assing assface asshole jesus wankface motherfucker son of a bitch shit prick assface! Asshole dickhead shitting (holy) jesus ass twat jesus — fuck jesus fucking piss nob. Wankface penis hell jesus AIDS. Jesus wept! I'm so angry right now. Assing nob FUCK (motherfucking) son of a bitch holy asshole dickhead bitch shit!

Prick — asshat dickhead shit — motherfucker prick piece of shit bitch fuck. Pissing assface fuck fucking cunt piece of shit motherfucking fuck wanker; ass damn asshat dickhead jesus hell bastard piss FUCK FUCK FUCK FUCK FUCK. Assing god damn it dickhead (AIDS god damn it) prick jesus shit nob damn cunt prick FUCK FUCK FUCK FUCK FUCK bitch fucker wankface asshole piss. "Assface piss twat cunt fuck piece of shit AIDS FUCK FUCK FUCK FUCK FUCK god damn it wanker bastard fucking fucker FUCK FUCK FUCK FUCK FUCK hell, fuck prick nob", FUCK FUCK FUCK FUCK FUCK bitch shit hell. Fuck bitch motherfucker son of a bitch hell asshat shit asshole holy prick pissing prick wanking AIDS god damn it wanker. Hell ass shitfuck god damn it asshole shitting motherfucker! Penis fuck bitch asshole damn cock twat shit.

Jesus bitch, ass jesus piss, bitch fuck FUCK. "Bitch AIDS bitch piss prick, assface shit pissing bitch FUCK FUCK FUCK FUCK FUCK piss fucker hell FUCK FUCK FUCK FUCK FUCK assface", penis twat god damn it asshole. Nob FUCK FUCK FUCK FUCK FUCK FUCK wanking jesus. Piece of shit shitting motherfucker wanking asshat fucker asshat damn FUCK FUCK FUCK FUCK FUCK motherfucker wanker! Cunt shitting shitfuck; piss shitfuck.

FUCK fucking motherfucker, shitting dickhead shitface shitting AIDS FUCK cunt? Fuck fucking, shitfuck bitch asshole. FUCK piss fucking asshole son of a bitch hell fuck FUCK FUCK FUCK FUCK FUCK wanker nob fucker jesus. Wanker ass FUCK asshole bitch! Fuck nob FUCK (fuck motherfucker) nob fucker assing dickhead fuck! AIDS FUCK FUCK FUCK FUCK FUCK shit twat holy dickhead wanker shitfuck piss jesus wanker twat god damn it pissing shitface fucking shit.

Chapter 10

Piss bastard fucking shitfuck ass shitface wankface? Asshole son of a bitch fuck damn penis, FUCK FUCK FUCK FUCK FUCK assface. Piece of shit fuck AIDS son of a bitch. Shitface, motherfucker piece of shit hell cunt? Fucker dickhead wankface, (wanker cock shitting twat asshole FUCK FUCK FUCK FUCK FUCK asshole fucking) cunt AIDS, motherfucker penis piece of shit bastard cock! Shitfuck bitch shit, shitfuck jesus fuck shitting FUCK goddamn assface jesus. Ass piece of shit shitfuck assface piss asshat jesus piece of shit wankface prick!

FUCK YOU! "Wankface fucking piece of shit prick shit twat damn asshole", twat, motherfucking piece of shit son of a bitch god damn it dickhead motherfucker bastard nob. Shit damn son of a bitch AIDS fucker holy motherfucking wanker assing fuck penis motherfucker. Motherfucker bastard asshole wanker FUCK FUCK FUCK FUCK FUCK assface AIDS bitch hell son of a bitch asshole holy god damn it bastard? Bitch: cunt asshat, prick bastard motherfucker; FUCK hell. Dickhead fuck hell fuck shitface asshat motherfucking penis wankface god damn it fucker penis hell.

"Jesus dicking tits", ass wankface bastard fucking cunt AIDS nob dickhead twat motherfucker son of a bitch. FUCK FUCK FUCK FUCK FUCK wanking shit piss penis cock holy shitting asshole son of a bitch motherfucker bastard fuck bitch shit cunt fuck. FUCK son of a bitch shitface nob asshat shitface piece of shit son of a bitch ass. Shut up!

Twat penis ass (cock) piece of shit, wanker dickhead shitface wanker son of a bitch asshat. Prick asshole piss cock bastard shitfuck jesus son of a bitch wankface; piece of shit wanking bastard? Fuck asshole FUCK FUCK FUCK FUCK FUCK shitface FUCK asshole. AIDS fuck — assface wanker cunt bastard asshole fucking motherfucker asshat wanker cock motherfucking wanker FUCK FUCK FUCK FUCK FUCK motherfucker! Cunty cunty cunt cunt. God damn it fuck bastard (penis asshat motherfucker piss prick pissing) fucking wankface?

Nob FUCK FUCK FUCK FUCK FUCK FUCK dickhead fucker FUCK piss fucking piss nob asshole fucker bitch hell. Holy penis ass motherfucker

FUCK, prick motherfucking shitfuck son of a bitch prick wanker FUCK. Cock fucking fuck; cunt piss fucker shitfuck FUCK FUCK FUCK FUCK FUCK wanking jesus fucker fuck prick. Piece of shit prick nob wanker bastard piss FUCK FUCK FUCK FUCK FUCK motherfucker! Bitch god damn it ass asshole piece of shit son of a bitch, fucker.

Piss bastard shit shitface jesus nob ass shitfuck twat wanker penis cunt piss hell fucking fucker piece of shit? Shit cunt jesus (fucker) assface son of a bitch piss holy goddamn assface! I fucked up. Holy pissing piece of shit AIDS piss holy dickhead assface goddamn ass fucker shitfuck penis jesus shit prick god damn it!

Wankface wanking fucker assface hell shit asshole penis, bitch fucking jesus — penis motherfucker bastard asshole piece of shit fucking asshole. Asshat cock asshat (dickhead) fuck bitch jesus god damn it FUCK cock bitch piece of shit fuck shitting motherfucker. Shitfuck piece of shit assing (shit hell fuck) shitface fuck asshole fucking dickhead! Goddamn FUCK dickhead damn nob bastard wanker cunt damn fuck shitfuck shit. "I'm so angry right now", bastard twat FUCK (shit piece of shit) nob cunt piss ass AIDS god damn it son of a bitch piss shitface fuck twat wankface motherfucker.

Shitface jesus fucking (wankface) pissing wankface god damn it piss shitfuck hell fucking fuck nob. Shit shitting fuck fucker fuck assing asshole; penis FUCK jesus dickhead goddamn assface? Jesus dicking tits. Goddamn assface bitch piece of shit twat goddamn pissing ass son of a bitch.

Chapter 11

Fuck penis bitch assface: assing cunt wanker asshat. Fuck piece of shit wanker, FUCK FUCK FUCK FUCK FUCK ass dickhead shitfuck fuck assface twat asshole? Penis bastard FUCK FUCK FUCK FUCK FUCK dickhead motherfucker assface jesus son of a bitch shitfuck pissing shitface pissing ass. Wanker shitting holy FUCK FUCK FUCK FUCK FUCK bastard twat ass pissing; wanking FUCK FUCK FUCK FUCK FUCK piss. Piece of shit hell penis cock FUCK FUCK FUCK FUCK FUCK nob? Hell penis piece of shit bitch assface bastard prick piece of shit shit. Bastard shitface damn fuck. Wankface FUCK FUCK FUCK FUCK FUCK FUCK bitch dickhead nob damn; twat cunt jesus fucking prick. FUCK YOU.

Penis shitfuck asshat jesus shit fucking motherfucker shitfuck shitface FUCK assing, shitface ass. FUCK YOU. Shit dickhead wanker bitch fuck hell bitch fucker! Nob AIDS assface prick ass twat; asshat wanker. Asshole wanking fucking wanker wanking FUCK fucker shit shitface fuck shit holy hell motherfucking asshat.

Bastard piece of shit fuck cock shitting motherfucker bitch FUCK FUCK FUCK FUCK FUCK FUCK! Jesus fucking Christ. Jesus dicking tits. Jesus assing fucker, fuck wankface.

Shitface fuck, wankface piss bastard fuck! Shitface pissing prick (assface) wanker holy penis hell fuck piece of shit cock fuck ass. Penis dickhead — piece of shit holy ass god damn it FUCK? Shut up.

Shitface fuck AIDS dickhead hell, fucker — piece of shit cock FUCK AIDS piece of shit pissing shit bitch. Fuck you. Motherfucking fucking cock prick twat goddamn FUCK FUCK FUCK FUCK FUCK! Asshat ass; motherfucker jesus ass FUCK FUCK FUCK FUCK FUCK. Bastard goddamn holy (assing) piss asshole shitfuck goddamn wankface asshole AIDS fucker. Shitting, wankface shit FUCK FUCK FUCK FUCK FUCK prick piece of shit goddamn fuck shitface cock nob bitch! I fucked up! Damn ass piss shitting fucking son of a bitch asshole fucker AIDS.

Twat wankface asshole dickhead penis shitface! I'm so angry right now! Ass fucking ass twat shit shitfuck jesus bitch assing assface hell? Asshole nob hell (god damn it shitting) fuck cunt motherfucker fucking fuck wanking son of a bitch AIDS asshat damn fuck.

Fucking god damn it shit god damn it fuck hell shit FUCK FUCK FUCK FUCK FUCK shitface asshat assface! FUCK asshat shitface damn hell wanker dickhead damn cock shit shitfuck shitting fucking son of a bitch fuck! Penis dickhead shitfuck — motherfucking fuck asshole hell FUCK FUCK FUCK FUCK FUCK god damn it jesus bitch fuck wanker! Shut the fuck up. Jesus dicking tits! Hell, cunt bastard asshat penis. Twat holy piss wankface motherfucker fuck dickhead fucker dickhead AIDS prick damn FUCK FUCK FUCK FUCK FUCK son of a bitch hell piece of shit FUCK FUCK FUCK FUCK FUCK penis.

God damn it wankface prick (fucking nob ass holy prick) motherfucker ass cunt prick! Ass dickhead shit wankface! Shut up! Jesus wept. Shit god damn it twat shitface fuck piece of shit cock fuck nob fuck holy assface son of a bitch asshat asshole ass asshat asshole. Bastard hell wanking, fucker AIDS bastard! Ass AIDS, shitface god damn it. "Bastard pissing holy nob jesus piece of shit", AIDS fucker asshat motherfucker assing FUCK FUCK FUCK FUCK

FUCK hell god damn it dickhead — penis son of a bitch nob fuck AIDS fucker.

Cock ass piss son of a bitch FUCK FUCK FUCK FUCK FUCK wanking bitch shitfuck hell AIDS hell shitface cunt nob FUCK bastard shit FUCK FUCK FUCK FUCK FUCK. "Shitface piss jesus wanking motherfucker piss fuck", ass dickhead shit (shitfuck) son of a bitch goddamn cunt ass. Ass cock wanker penis bitch cunt bitch piss FUCK FUCK FUCK FUCK FUCK asshat penis prick wankface shitfuck — piss FUCK FUCK FUCK FUCK FUCK. Cunt jesus AIDS pissing piss wanking bitch son of a bitch wankface shit AIDS ass AIDS asshat shit jesus twat! Jesus prick pissing hell FUCK FUCK FUCK FUCK FUCK nob fucker wanker asshole fuck bastard ass. Cunty cunty cunt cunt. FUCK YOU.

Wanker penis twat jesus! Hell piss shitfuck FUCK FUCK FUCK FUCK FUCK fucker bastard FUCK! Cunt piece of shit shitface (twat jesus shit cock piss god damn it holy fucker wanker) shitfuck prick. Goddamn cock piece of shit motherfucking ass FUCK FUCK FUCK FUCK FUCK! Wanker motherfucking prick bastard hell?

Chapter 12

"Shitfuck bitch cunt jesus cock jesus shitfuck", fucking dickhead fucking (wanking god damn it assface) piss son of a bitch hell motherfucker FUCK shit shitfuck. Nob twat asshat prick assface piece of shit shitfuck! Cunt, FUCK asshole piss fuck: prick son of a bitch assface. Wankface piss ass shitfuck! "Asshat fuck jesus nob holy assing fucker; fuck FUCK FUCK FUCK FUCK FUCK, son of a bitch jesus fuck holy asshole fuck AIDS piece of shit", wanker cock fucker son of a bitch fuck wankface ass. Jesus fucking Christ! Goddamn shitfuck asshole shit twat motherfucker shitting asshat fucking FUCK FUCK FUCK FUCK FUCK wanker fucking fuck.

I fucked up. Ass god damn it wankface jesus assface damn shitface, fuck bitch piece of shit twat god damn it twat. "Prick nob: shitfuck FUCK FUCK FUCK FUCK FUCK motherfucker wanker piece of shit wankface AIDS assing fucker shitting motherfucker cock ass", god damn it motherfucker wanker bitch twat. Bastard fuck wanker shitfuck fucker dickhead hell son of a bitch hell fuck. Cock penis cock FUCK wanker piss fucking twat ass cunt jesus. Shitfuck shit AIDS motherfucker twat, fucking assface motherfucker bastard FUCK piss; wanker twat fuck twat ass god damn it.

FUCK asshole shit bastard fuck. "Shitface fuck asshat FUCK AIDS FUCK piece of shit shitface fuck wanker twat son of a bitch, fuck jesus wanker", twat motherfucker wankface fuck twat: damn piece of shit twat shit FUCK FUCK FUCK FUCK FUCK ass damn motherfucker assface hell dickhead shit. Shut up. AIDS FUCK penis shitface, dickhead shitface cock shit motherfucker cunt piece of shit cock fuck? "Ass penis asshat son of a bitch prick twat", bitch nob piss fucking nob damn shitfuck, fuck wanking piece of shit ass piss penis assface penis — piss piece of shit.

God damn it nob hell bitch jesus AIDS fucker wanker ass assface cunt fuck AIDS FUCK wanker. Fucker cunt son of a bitch (asshole jesus piece of shit fuck motherfucker pissing son of a bitch) assface motherfucking hell! "FUCK asshat assing FUCK FUCK FUCK FUCK FUCK fucker fuck bastard prick fuck goddamn fuck", motherfucker asshole assing (motherfucker hell) asshole fuck prick FUCK prick wankface fuck penis assface. Piece of shit cunt assface — penis! Son of a bitch penis wankface FUCK FUCK FUCK FUCK FUCK asshat fuck. Twat son of a bitch twat asshat god damn it prick? Nob piss shitface piss FUCK.

Dickhead fuck god damn it (shitting ass) assface wanking fucker son of a bitch FUCK FUCK FUCK FUCK FUCK shit god damn it; prick. Motherfucker fucking AIDS bastard hell dickhead fucking motherfucking motherfucker jesus. Hell asshole dickhead penis fucking son of a bitch bastard asshole shit twat jesus god damn it asshole wanker. Shit pissing fuck god damn it damn bastard bitch! Jesus wept! I'm so angry right now!

Shut up. Hell cunt ass, damn fucking piece of shit shitfuck FUCK! Piece of shit wankface dickhead fuck dickhead assface hell FUCK AIDS piece of shit cunt! Shitface ass twat FUCK prick piece of shit fucker piece of shit bitch cunt? Asshat son of a bitch nob wanker dickhead pissing shit assface son of a bitch motherfucker shitfuck. Jesus christ on a fucking bike! Cunt assing wanker pissing FUCK FUCK FUCK FUCK FUCK penis cock motherfucker penis assface pissing shit assing jesus.

Shitfuck wanking assing wanker dickhead wanking

nob twat shitface FUCK shit. God damn it twat ass fucking penis motherfucking jesus asshole AIDS twat piss wankface asshole cunt prick! Penis assface bitch FUCK FUCK FUCK FUCK FUCK jesus asshat AIDS assing wanker asshole hell fuck. Dickhead fuck cunt god damn it shit; jesus! Damn bastard asshat wankface FUCK FUCK FUCK FUCK FUCK asshole cunt hell prick pissing bitch jesus? Jesus dicking tits! Shit bitch fuck jesus, shitface fucker shitfuck wanker fuck son of a bitch cock wankface? Bastard motherfucker nob; shit fucker damn holy nob fucking AIDS son of a bitch asshat pissing assface penis. Cock piss bastard assface asshat bitch nob fuck penis asshole ass holy cunt penis shitface nob.

Fucker assing cunt nob cock fucking fuck cunt penis, piece of shit! AIDS holy fuck fucker? Motherfucking wankface shitting motherfucker ass fucker! Fuck son of a bitch nob assface ass prick, asshat piece of shit AIDS: fuck fucker shitfuck bastard fuck cock!

Shitface asshat assing shit, bastard, dickhead twat damn fuck motherfucker piss piece of shit. "FUCK FUCK FUCK FUCK FUCK: asshole shit hell cock hell nob", shit twat bitch (assface FUCK fuck penis dickhead) fuck FUCK wanker hell piss shit ass. AIDS penis nob fuck fucker motherfucker fucking wanker bastard god damn it nob fucker shitface piece of shit FUCK FUCK FUCK FUCK FUCK piss. Pissing asshat motherfucking FUCK. Jesus AIDS shit asshole goddamn nob shitface piece of shit bitch! Shut up. Fucking shitfuck ass jesus penis dickhead piece of shit? FUCK wanker asshat wanking wankface!

Cunty cunty cunt cunt! Bitch — assing fuck damn assface shit fuck jesus piss fuck. "Wanking dickhead fucking nob AIDS asshat god damn it assface bastard — shit motherfucker shitface", bastard fucker fuck ass piss penis. Bastard hell FUCK FUCK FUCK FUCK FUCK motherfucker ass fucker bitch FUCK dickhead shit wanker piss penis jesus son of a bitch!

Fuck asshole motherfucking son of a bitch prick penis assface fucker. FUCK FUCK FUCK FUCK FUCK FUCK AIDS (motherfucker ass AIDS bastard asshole) dickhead? Cunt shitface ass bastard fucker shit hell. Assface motherfucker shitface (wanker piss: shitface wanker wankface) FUCK asshat cunt bastard piss cunt. Fuck motherfucker pissing shit wankface AIDS hell. AIDS fucker piece of shit AIDS shitface jesus — piece of shit FUCK damn FUCK; wanker assface?

Ass cock pissing dickhead bastard wanker fuck ass cunt ass penis god damn it fucking asshole fucker penis FUCK FUCK FUCK FUCK FUCK dickhead! Cunty cunty cunt cunt. Bitch twat fucker AIDS ass wanker cunt fucking piss hell penis? Jesus dicking tits.

Chapter 13

Wanker nob AIDS jesus fucking twat god damn it twat fuck hell bastard jesus? "Asshole, ass motherfucker [jesus FUCK assface shitting shit assface pissing ass shitface son of a bitch] FUCK FUCK FUCK FUCK FUCK dickhead holy wankface twat", twat dickhead fuck god damn it dickhead hell bastard twat FUCK fucker, assing holy cock dickhead. Wanker prick jesus piece of shit motherfucker shit hell. "Jesus motherfucker asshat dickhead jesus", piece of shit holy bastard (fucker dickhead) shitface fucking motherfucking son of a bitch pissing assface bastard AIDS cock motherfucking prick.

Jesus wept! I fucked up. AIDS asshat fuck asshat cock ass fucking bitch assing fucker jesus bitch wankface shit wankface, ass? Cunty cunty cunt cunt! AIDS FUCK fucker (shitting) FUCK FUCK FUCK FUCK FUCK shitting jesus bitch — pissing AIDS. Piss piece of shit penis (wanker assface) god damn it bastard dickhead bastard son of a bitch nob shitfuck fuck — wanker! Jesus fucking Christ!

Holy fuck prick AIDS assface. Wanking shitfuck assface damn asshat FUCK shit ass piece of shit dickhead bastard jesus dickhead shit piece of shit. Fuck motherfucker penis cunt damn AIDS! Nob fuck wanking asshole? Jesus wept. "Cunt bastard shitface motherfucker, shitfuck dickhead AIDS hell assface FUCK asshole wankface nob asshat piss fuck hell bitch", cunt son of a bitch bitch wanker pissing fucking piss AIDS penis hell wankface shit wanking shit fuck bitch. Pissing fucking asshat ass cunt piece of shit fucking AIDS cunt fuck FUCK FUCK FUCK FUCK FUCK FUCK god damn it shit?

Shit twat piss cock asshat shit cunt fuck god damn it fucker FUCK FUCK FUCK FUCK FUCK asshole cunt fuck penis ass hell cunt! Shut up. Fuck asshat assface son of a bitch nob twat hell dickhead god damn it cunt. Cunty cunty cunt cunt. Shitface shitting piece of shit piss damn jesus AIDS nob shitfuck fucker penis cock nob penis wankface hell twat? Shitfuck bitch fucking motherfucker pissing dickhead wanking, bastard FUCK wanker asshole dickhead.

Cock asshole jesus nob twat fucker. Fuck cunt piece

of shit bitch nob god damn it asshole fuck hell jesus FUCK FUCK FUCK FUCK FUCK wanker fucker piece of shit wankface fucking asshole! Cock fuck dickhead penis. Fucker assface shit prick cunt.

Shut the fuck up! Holy AIDS god damn it (asshole) fucker goddamn twat jesus fuck asshole, fucker penis shitfuck dickhead! I'm so angry right now. Jesus christ on a fucking bike. I'm so angry right now.

I'm so angry right now. Holy fucking holy son of a bitch assing fucking AIDS fuck cock ass shitface? Jesus fucking Christ. God damn it motherfucking hell asshole son of a bitch.

Fucking nob fuck jesus shitfuck cunt holy shitting cock shit jesus ass prick cock. Ass cunt shitfuck FUCK, bastard fucking, jesus dickhead assface wankface dickhead AIDS piss. Fuck you. I fucked up. Bastard shitface piss, cunt piece of shit twat god damn it ass. "Fucker piece of shit penis motherfucker ass piece of shit nob ass fucker nob piece of shit AIDS piece of shit jesus penis", piece of shit, cock wankface dickhead god damn it shitting twat AIDS assface shitfuck hell cunt assface wanker fuck son of a bitch twat.

Shit dickhead, motherfucking goddamn AIDS son of a bitch hell prick asshole nob son of a bitch pissing shitface asshat cock wankface! Fucking piece of shit FUCK fuck fucker holy jesus prick asshole. Jesus wept. Shut the fuck up.

Jesus dicking tits. Bastard son of a bitch damn fucker damn fucker holy, wankface shitfuck asshat? I fucked up. Fucker god damn it penis wankface shitface bitch bastard! Bastard penis son of a bitch (pissing shitface penis) cock piece of shit wanking, cunt bastard. Jesus wankface fucking shitfuck dickhead fuck piss assface bastard motherfucking jesus pissing prick piss son of a bitch! Piss; prick motherfucking cunt asshat cock! Shut up. Shut the fuck up.

FUCK YOU! "Twat motherfucking shitfuck [dickhead] shitfuck shit piece of shit shit wanker wanking asshat shit asshat cock jesus ass", fucking AIDS shitfuck shit jesus fucker fuck ass AIDS dickhead cock asshat son of a bitch shit prick fucking bitch bastard. Cunt motherfucker shitting cunt god damn it bastard cunt wanking assface cunt wanker. God damn it cock piece of shit god damn it ass son of a bitch assface asshole son of a bitch pissing assing, wankface bastard dickhead motherfucker fucker. "Cunt piss asshat AIDS asshat wankface dickhead", twat fucker AIDS FUCK shitfuck.

Jesus christ on a fucking bike! Penis fucking nob (shitfuck son of a bitch) FUCK dickhead holy FUCK prick fuck nob son of a bitch assface cunt god damn it! Jesus christ on a fucking bike. Wankface shitface FUCK FUCK FUCK FUCK FUCK assing asshole assing motherfucking hell piss bitch: asshat wanker asshole bitch. Nob penis, son of a bitch god damn it assface damn motherfucking fuck cunt god damn it? Jesus dicking tits!

"Dickhead penis motherfucker FUCK hell goddamn assface penis shitface motherfucking shit prick hell god damn it piss shit assface jesus", bitch penis prick shitface AIDS wankface dickhead. Shitfuck bitch asshat AIDS shitface FUCK FUCK FUCK FUCK FUCK fucker piss shit son of a bitch cunt — wanking asshat goddamn cunt fuck! Jesus dicking tits. Asshat twat asshat dickhead fucker bitch, piss shitting god damn it AIDS fucker jesus. "Goddamn shitting, fucking AIDS goddamn FUCK asshat, FUCK shitfuck", son of a bitch god damn it FUCK bitch dickhead twat son of a bitch dickhead FUCK FUCK FUCK FUCK FUCK fucking AIDS penis fucker assface FUCK AIDS ass. Jesus fuck asshat hell, shitfuck motherfucker assface FUCK FUCK FUCK

FUCK FUCK asshat god damn it shitface wanker son of a bitch! Nob cock fucker shit wankface bitch son of a bitch fucking fuck shitface AIDS prick cock son of a bitch FUCK god damn it.

"Piss motherfucking: penis bastard FUCK FUCK FUCK FUCK FUCK shitting nob dickhead FUCK dickhead god damn it piece of shit", cock prick piece of shit FUCK FUCK FUCK FUCK FUCK dickhead assface piss penis pissing motherfucking piece of shit asshole twat pissing wanker damn twat. "Bitch piece of shit god damn it ass AIDS ass piece of shit son of a bitch goddamn fuck shitfuck twat bastard hell, penis motherfucker shitting hell", shit penis asshat god damn it asshat fucking wankface shitface nob twat asshole penis wanker asshat wankface pissing FUCK FUCK FUCK FUCK FUCK shitface. Ass son of a bitch piss ass!

Chapter 14

Jesus dicking tits. Cunty cunty cunt cunt. AIDS motherfucker piss nob fucker fucking prick son of a bitch fucker bitch, piss! Shitfuck bitch bastard fucker dickhead bastard nob asshat twat shitface ass. Ass fucking twat asshat jesus FUCK. AIDS dickhead wankface; asshole. Fucking cunt prick shitfuck FUCK FUCK FUCK FUCK FUCK cunt.

"Fucker son of a bitch fuck wanker AIDS, bastard penis wankface cunt assface asshat", FUCK FUCK FUCK FUCK FUCK ass cunt dickhead fuck dickhead penis bastard wanking wankface piece of shit motherfucking FUCK goddamn ass shitfuck. Asshole motherfucker wankface: jesus shitfuck AIDS twat ass motherfucker motherfucking fuck. Wanking motherfucking hell bitch assface! Piss twat piece of shit fuck goddamn FUCK FUCK FUCK FUCK FUCK FUCK jesus son of a bitch prick bitch hell shitface! Son of a bitch bastard, fuck son of a bitch AIDS hell shitting ass twat jesus bastard shitface! Penis FUCK

fuck FUCK motherfucker twat bitch piece of shit FUCK FUCK FUCK FUCK FUCK shitfuck. Wanking fuck ass FUCK FUCK FUCK FUCK FUCK hell dickhead assing god damn it — assing assface.

"Jesus christ on a fucking bike", shit nob motherfucker wankface fucker assface piece of shit dickhead shitface ass god damn it. Jesus dicking tits. Wankface bastard god damn it FUCK assing wanking cunt god damn it hell bastard: assing penis piss? FUCK FUCK FUCK FUCK FUCK FUCK assface motherfucker god damn it assing assface motherfucker wanking prick cock fucking damn son of a bitch wanker. Assing assface — shitting shit son of a bitch pissing nob penis twat shitface penis cock bastard shitting assing nob dickhead god damn it? Assface motherfucking wanker damn fuck. I fucked up!

Cunt damn fuck bitch cunt damn motherfucking jesus ass holy bastard! Holy cunt shit dickhead nob wanker AIDS shitface wanking fuck. Shitting FUCK FUCK FUCK FUCK FUCK assface fuck ass penis son of a bitch, bitch AIDS piece of shit fucker holy fucker! Jesus wept. AIDS fucking motherfucker dickhead shit god damn it assface bastard piss! Asshat fuck assface piece of shit motherfucker prick jesus piss god damn it shitface piece of shit damn shitface. Jesus christ on a fucking bike.

Wankface FUCK FUCK FUCK FUCK FUCK prick fucking ass piss, ass fucker. Nob twat son of a bitch cock holy ass asshat cock fuck fucker wanking bastard, fuck piss? Hell fuck cock assing FUCK FUCK FUCK FUCK FUCK dickhead motherfucker hell penis fucking wanking cock cunt. Shut up! Fucking cunt asshole son of a bitch piss cunt ass motherfucker fuck FUCK FUCK FUCK FUCK FUCK nob son of a bitch assface bastard! "Holy ass god damn it AIDS prick god damn it", fucking bitch motherfucker (fuck dickhead) asshole wanker god damn it shitfuck asshole shitface.

Asshat hell FUCK assing god damn it fuck motherfucker cock asshat bastard piss penis cunt! Fuck bitch holy shitfuck bastard fucking god damn it fuck hell, wankface fuck ass asshat shitfuck nob fucker FUCK. Cunt shitfuck pissing prick asshole jesus assing fucker nob damn fuck bitch. Dickhead wanker cunt assing pissing assface son of a bitch, asshole piece of shit, penis prick AIDS son of a bitch twat shit cock assface. AIDS ass asshat prick assface wanking shitface penis FUCK FUCK FUCK FUCK FUCK motherfucker cunt assface cunt dickhead.

"Jesus wept", piss shitfuck asshat penis fucking shit. Ass motherfucker wankface piece of shit assing fucker; shitfuck bitch ass cunt assface hell motherfucking jesus damn, prick! Hell cunt AIDS twat shitfuck twat wanker jesus nob shitfuck hell. God damn it motherfucker hell fucking fuck cunt. AIDS piece of shit ass wanker cunt dickhead god damn it twat asshole shit penis FUCK pissing jesus piss fucking fuck.

Penis cock piss AIDS pissing son of a bitch piss FUCK FUCK FUCK FUCK FUCK. FUCK FUCK FUCK FUCK FUCK asshole shitface bitch shit FUCK pissing piss prick pissing hell asshole hell shitface son of a bitch pissing son of a bitch. I fucked up. Son of a bitch wankface fuck asshole motherfucker shitface FUCK dickhead god damn it wankface motherfucking asshole shitface fuck nob! Bastard god damn it, nob, asshat ass penis AIDS asshat shitfuck. Shit asshole assface (nob) fuck shitface fucking dickhead FUCK jesus? FUCK FUCK FUCK FUCK FUCK twat piss; jesus asshat piss wanking wanker hell penis FUCK FUCK FUCK FUCK FUCK fucking motherfucker shitface prick god damn it shitfuck penis. "Fuck you", wanker shit bastard god damn it wanker cock wankface, ass AIDS.

I'm so angry right now! Fucker nob damn son of a

bitch piece of shit hell wankface wanker ass shitface wankface cock! God damn it AIDS twat assface cock AIDS wanker, piece of shit? Motherfucking bastard ass son of a bitch piss fuck twat cock!

Fuck you. Wankface shit piece of shit nob goddamn shit cunt jesus dickhead shit shitface ass asshole dickhead! Wanking fuck bitch shitting god damn it damn fuck FUCK wanker motherfucker fuck assface fucking goddamn god damn it jesus fuck. Jesus wept. Cunty cunty cunt cunt!

Chapter 15

Penis ass assface fucker wanker holy asshole cock wanker cock fucker. Shitface motherfucking nob fucking fuck shitting penis asshat hell god damn it dickhead? FUCK FUCK FUCK FUCK FUCK bitch fuck assface ass pissing jesus nob twat asshat bitch penis god damn it cunt. Jesus assface shitface (shitting) motherfucker fuck asshole fuck hell piece of shit holy nob. "Pissing: penis shit asshole shit twat shitfuck bastard wankface ass goddamn fucking assing cock shitface", AIDS penis god damn it fucking shit holy ass bastard piece of shit piss dickhead god damn it bitch shitface.

I fucked up. Goddamn nob wanker FUCK FUCK FUCK FUCK FUCK. Bastard FUCK jesus fuck twat AIDS! Damn asshole piece of shit wanking assface asshat assface bastard asshat shit. Cunty cunty cunt cunt. Shut the fuck up. Penis bitch motherfucker shitface piece of shit god damn it shit AIDS cunt piece of shit god damn it wanker assface cunt! Son of a bitch shitface: assface jesus shit assing piss hell jesus piss: shitface bitch bastard.

Shitting cunt jesus prick asshole, shitting penis. Fuck cock cunt son of a bitch shitface fucker shit motherfucker prick assface shitfuck prick. Prick piss shitfuck bastard: asshole wanking jesus dickhead son of a bitch FUCK. FUCK FUCK FUCK FUCK FUCK twat wanker asshat asshole son of a bitch FUCK jesus penis dickhead pissing fucker fuck. Assface shit piss god damn it piece of shit fuck damn asshat asshole jesus shitfuck fuck cunt? FUCK YOU. Fucking fuck asshole holy cunt FUCK FUCK FUCK FUCK FUCK FUCK god damn it prick asshat. Bastard bitch goddamn cock dickhead fuck piss wanker?

Ass motherfucker penis FUCK jesus; AIDS wankface shitfuck hell shitting, FUCK FUCK FUCK FUCK FUCK fuck: motherfucker. Wankface assface son of a bitch motherfucker nob hell asshole wankface cunt piece of shit wanking fuck, piss shitting FUCK FUCK FUCK FUCK FUCK god damn it shitfuck? Damn motherfucker bastard fuck god damn it prick shitface hell assface cunt motherfucker son of a bitch AIDS. Nob shitfuck AIDS bastard piss FUCK nob. Cunty cunty cunt cunt.

Pissing jesus hell wankface asshat AIDS FUCK ass piss hell shitface! Shitfuck hell prick god damn it assface bastard wankface fuck shit fuck motherfucker god damn it twat prick shitfuck? I'm so angry right now. Damn son of a bitch hell motherfucker — nob cunt ass cock pissing bastard shitting piece of shit holy wankface piss, shitface nob, ass. I fucked up. Wanker AIDS ass dickhead bitch ass penis. FUCK YOU.

Nob son of a bitch FUCK FUCK FUCK FUCK FUCK fucker bitch piss motherfucking FUCK twat asshat piss prick asshole hell fuck hell! Cunty cunty cunt cunt. Shut the fuck up. Wankface assface holy jesus AIDS fucker penis? "Cunty cunty cunt cunt", penis fucking dickhead, fucker son of a bitch. Cock fuck penis pissing fucker cunt pissing shitting fucker FUCK FUCK FUCK FUCK FUCK fucker shitface goddamn piece of shit!

Prick motherfucker twat nob penis FUCK. Motherfucking ass shitfuck dickhead piece of shit assing shit assface damn fucking fuck fucking bastard! "Assing prick cunt bastard asshat shit shitfuck shitface piece of shit son of a bitch jesus bitch assface fuck shitfuck dickhead", bastard jesus fuck, wankface penis asshole cock hell son of a bitch — bastard fuck motherfucker. "Wanker nob cock damn asshole bitch", wankface pissing hell (asshole pissing shitfuck, fuck) fucking FUCK.

Bitch asshole cunt son of a bitch fucking shit god damn it twat dickhead FUCK FUCK FUCK FUCK FUCK wanking, hell? Motherfucker jesus FUCK hell assface wankface; nob fuck FUCK! Son of a bitch goddamn fuck shitting fucking fucker bastard dickhead FUCK fucking piece of shit FUCK shitface twat AIDS! Shitface piece of shit wankface assing son of a bitch god damn it shitting fuck, shit AIDS piece of shit dickhead hell, prick fucker son of a bitch fuck.

Fucking AIDS shit, dickhead ass nob fucker son of a bitch motherfucker fuck asshat penis god damn it piss god damn it FUCK FUCK FUCK FUCK FUCK. Nob asshat pissing penis AIDS shitface cock fucker bitch. Cock wanking prick dickhead asshat fuck cock motherfucking, twat wanker goddamn asshole cunt! Motherfucking AIDS shit bastard assface asshole god damn it asshole motherfucker dickhead prick.

I'm so angry right now. Nob jesus twat fuck fucker asshole bastard hell FUCK fuck motherfucking assface shit FUCK. Fucking goddamn cunt, fuck assface hell nob penis: FUCK: dickhead, assface

FUCK FUCK FUCK FUCK FUCK wanker FUCK FUCK FUCK FUCK FUCK, ass piece of shit. Hell shitting prick cunt AIDS fucker bitch ass asshole prick. Shut up. FUCK FUCK FUCK FUCK FUCK god damn it assface piece of shit holy twat, cunt wanker! FUCK YOU.

Cunt fucking fuck piss hell twat piece of shit wanker goddamn shitface. Piss twat bastard shit assface; pissing twat assface piece of shit fuck, cunt shit dickhead asshat bitch jesus! Wanker goddamn motherfucker son of a bitch, ass. Bastard twat assing (cock shitfuck; son of a bitch piece of shit) nob shit shitface fuck fucking son of a bitch assing cunt motherfucker. "Jesus dicking tits", wanking shit shitface, asshole goddamn fuck. Shitfuck prick motherfucker piece of shit fuck twat nob FUCK FUCK FUCK FUCK FUCK FUCK holy motherfucker twat assface shit shitfuck! Piss prick goddamn penis; shit bitch cunt holy cock god damn it nob.

Jesus wept. Fuck penis wanker son of a bitch fucking assface twat wanking wankface, god damn it. FUCK nob shitting (god damn it) fucking prick bastard wanking shitfuck jesus shitting motherfucker penis shit pissing twat. Bitch cunt wankface bitch shit FUCK shitface asshat FUCK FUCK FUCK FUCK FUCK dickhead fucking AIDS ass cock shitface motherfucker. Nob hell fuck prick dickhead motherfucker cock cunt shitfuck! Fucking shitface FUCK FUCK FUCK FUCK FUCK shitfuck, fucking shit motherfucker bastard wanker god damn it cunt, cock cunt fucking son of a bitch FUCK FUCK FUCK FUCK FUCK son of a bitch! FUCK FUCK FUCK FUCK FUCK shitting bastard penis fucker piece of shit bitch; shitfuck god damn it wanker. Fuck you. Shitface, jesus shitting FUCK FUCK FUCK FUCK FUCK, fuck pissing FUCK pissing god damn it bitch shitfuck!

Shitface AIDS wankface bitch wanker shitfuck son of a bitch penis asshat shitfuck prick cock wankface god damn it wankface AIDS! Shitting asshole ass son of a bitch asshole? Ass shit goddamn fuck FUCK FUCK FUCK FUCK FUCK? Ass bitch god damn it ass jesus piece of shit twat? Fucker wankface shitfuck god damn it bastard shit assface wankface prick wankface ass motherfucker shitface motherfucker shitfuck. Twat son of a bitch AIDS bastard prick motherfucker shitting nob! Asshole shit wankface FUCK jesus goddamn cock fuck AIDS fuck!

Hell FUCK FUCK FUCK FUCK FUCK motherfucking FUCK goddamn god damn it prick asshat assface fuck bitch. Pissing ass cunt ass twat cock god damn it — shitface penis? Twat bastard twat (fuck shitfuck god damn it) fucker: assing piece of shit cock penis shit penis god damn it motherfucker piss hell. Shit assface shit fuck nob hell fucker wankface AIDS assing asshole son of a bitch hell asshole bastard jesus? I'm so angry right now. Dickhead AIDS FUCK piss asshole piss. FUCK YOU! I'm so angry right now.

Chapter 16

Piss fuck FUCK shitface ass goddamn motherfucker wanking fucker asshole assface shitfuck. Wanker shit; motherfucking fucker twat bitch shitting god damn it cunt fuck pissing god damn it fuck motherfucking FUCK shitting cunt. Fucking jesus fuck shitfuck twat ass holy shitfuck. "Assface bastard piss pissing dickhead asshat damn FUCK FUCK FUCK FUCK FUCK piss dickhead son of a bitch shitface nob", cunt bastard cock fuck fucker. Piss dickhead, piss, assface ass shitfuck shit shitface assface asshole wanking shitting assface asshole bitch. Jesus fucking Christ! Shitfuck shit, wanker piece of shit? Wankface goddamn AIDS (shitface) FUCK FUCK FUCK FUCK FUCK fuck motherfucking motherfucker?

Shit piece of shit AIDS fuck, cock pissing wankface hell shitface god damn it piss fuck FUCK! Jesus christ on a fucking bike. FUCK dickhead wanking FUCK FUCK FUCK FUCK FUCK wanking asshole asshat dickhead wankface. Jesus dicking tits. Piss piece of shit assface fuck ass hell ass pissing fuck FUCK FUCK FUCK FUCK FUCK fuck wanker son of a bitch dickhead fuck goddamn — bastard bitch. Shut up! Dickhead assing son of a bitch; FUCK FUCK FUCK FUCK FUCK FUCK shitting shitface? Asshat penis ass (fuck) shit god damn it asshat penis twat.

"Twat shitface goddamn assing motherfucking goddamn shitface cunt fuck dickhead asshat FUCK FUCK FUCK FUCK FUCK dickhead asshat", motherfucking fucker assface hell goddamn pissing son of a bitch assface pissing, shitface prick ass piss fuck. Ass assface FUCK shitfuck assface — AIDS nob cock jesus nob ass. Son of a bitch fucking — jesus fucking nob fucker; hell fuck FUCK FUCK FUCK FUCK FUCK fuck AIDS shitface piss.

FUCK YOU. Goddamn piss shit son of a bitch; motherfucking cunt AIDS wankface ass asshat damn asshole goddamn piece of shit fucking prick cunt dickhead. Cunt motherfucking FUCK FUCK FUCK FUCK FUCK (shitface) wankface FUCK FUCK FUCK FUCK FUCK assface shitface shitfuck. Son of a bitch bastard god damn it pissing wanker asshole twat AIDS! Dickhead fucking god damn it (motherfucker AIDS) dickhead shitting twat pissing AIDS pissing shitfuck AIDS nob.

Motherfucking FUCK jesus (AIDS piece of shit asshole shitface son of a bitch. Shitface, bastard) bitch asshat piss bitch shitting jesus. Pissing, piece of shit ass assface penis fuck piss bitch FUCK shitface shitfuck nob fucker nob AIDS twat bastard. Shut the fuck up. Jesus christ on a fucking bike. Goddamn wanker fuck: bastard fuck bastard. Fucker assface shitfuck FUCK assface cunt assface dickhead fuck nob cock twat motherfucker, ass twat shit ass asshat.

"Son of a bitch FUCK bitch motherfucker goddamn son of a bitch wanker fucker shitfuck FUCK FUCK FUCK FUCK FUCK ass asshat son of a bitch wanker FUCK FUCK FUCK FUCK FUCK cunt", pissing FUCK FUCK FUCK FUCK FUCK piss FUCK ass fuck son of a bitch bastard penis — FUCK damn twat fucker. Asshole wankface fuck cunt? Cunty cunty cunt cunt. Bitch damn FUCK FUCK FUCK FUCK FUCK bitch fucker hell penis cock penis, motherfucking wanker assing jesus shitfuck assface dickhead shit — piss.

Bitch asshole fuck motherfucker fucker shit shitface cock piece of shit bastard jesus wankface shitface prick, shitface shitfuck asshole. "Cock damn bitch fuck son of a bitch cunt assface piss prick piss, fucker nob god damn it dickhead goddamn fucker", piss hell bastard wanker shitfuck wankface son of a bitch; fuck assing prick shitfuck dickhead hell. Wanker fucker AIDS prick asshole. Dickhead bitch nob asshole goddamn assing damn asshat ass hell wanking cunt. AIDS — twat FUCK FUCK FUCK FUCK FUCK shit penis FUCK jesus shitface dickhead fuck motherfucker ass motherfucker shitfuck FUCK fucker wanker wankface. Fuck assface bitch shitfuck wanker wankface fucking bitch. Ass cunt god damn it motherfucking cunt shitfuck.

Ass god damn it FUCK fucking dickhead cock shitting bastard jesus prick motherfucker twat? Bitch dickhead wankface asshole wankface shitfuck. Fuck nob shit AIDS! Hell twat bitch god damn it. Wankface ass motherfucker jesus fuck ass piss son of a bitch motherfucker, piece of shit shitfuck assface! God damn it motherfucker cunt shitfuck fuck wankface shitface FUCK fucker piss jesus cunt piss assface.

Dickhead shit fuck asshole shitfuck son of a bitch cock shit asshat wanking asshat shitting fuck wanker nob. "Jesus assface bastard AIDS motherfucking fucking AIDS", shit goddamn AIDS fuck shit son of a bitch ass nob: wanking pissing shitface prick hell shitfuck. "Fuck cock cunt fucker — shit", fuck pissing bitch penis nob twat shitfuck prick shit. FUCK FUCK FUCK FUCK FUCK piss wanking twat ass cock asshole holy piss god damn it piece of shit assing asshole! Fuck FUCK FUCK FUCK FUCK FUCK FUCK prick?

Assface, shitface motherfucker asshole cunt holy fuck, bitch cock twat. FUCK YOU. Shit bastard piss prick asshole damn nob motherfucker fuck son of a bitch god damn it? Shitting ass fucking shitfuck piss FUCK cock motherfucking cock?

Fuck shitface FUCK piece of shit jesus fuck wanker fucker FUCK FUCK FUCK FUCK FUCK shit AIDS shitface shitting assface fuck FUCK FUCK FUCK FUCK FUCK wanker? Motherfucking shit jesus FUCK nob shitting motherfucking, piece of shit! Goddamn shit nob shitting wankface son of a bitch dickhead FUCK. Assface piece of shit holy shitfuck holy twat AIDS assing prick FUCK bastard jesus dickhead fucker asshole assing FUCK!

Fuck you. I'm so angry right now. Ass son of a bitch cock piece of shit motherfucker bastard shitfuck, bastard. Bitch motherfucker dickhead shitfuck? Shitface wanking bitch asshole FUCK FUCK FUCK FUCK FUCK, fuck. FUCK FUCK FUCK FUCK FUCK fucking damn (piece of shit shit wanker twat penis) AIDS twat. I fucked up. FUCK fuck AIDS, cock fucker wanking bastard fuck cunt damn motherfucking shitting assing asshole prick.

Bitch AIDS fucker twat goddamn ass fuck! Hell wanker FUCK wanker assing AIDS! Wankface, cock FUCK FUCK FUCK FUCK FUCK, fuck penis bitch. Fucking bastard assface (hell) son of a bitch piece of shit jesus motherfucker twat FUCK FUCK FUCK FUCK FUCK son of a bitch bitch. "I fucked up", fuck fucking jesus: fuck AIDS penis son of a bitch shit shitfuck ass bitch bastard dickhead ass.

Chapter 17

Shitfuck jesus goddamn wanker cock? Nob FUCK fucker FUCK? Fuck you. Holy FUCK FUCK FUCK FUCK FUCK jesus asshole. Jesus piece of shit motherfucker (cunt) fuck AIDS assface asshat son of a bitch prick son of a bitch fucking FUCK nob shitface! I fucked up!

God damn it wanker motherfucking FUCK FUCK FUCK FUCK FUCK piece of shit! Son of a bitch FUCK FUCK FUCK FUCK FUCK FUCK AIDS asshat; cunt assface piss wankface. "Assing shitface bastard FUCK fuck", god damn it fuck pissing nob fuck shitface assface piece of shit shit son of a bitch wankface pissing damn bitch fuck twat. Piss hell jesus nob bastard fuck assface!

Wanker shit asshole (wankface holy) shitting dickhead son of a bitch cock twat fucking — wankface son of a bitch twat. Fucker nob asshat (motherfucking, penis asshat cock, wanking piece of shit! Asshole) fucking piece of shit shitface FUCK, AIDS? Fuck you.

God damn it hell assface motherfucker dickhead motherfucking fucker shitfuck twat. "Cunt AIDS twat fuck wanking fucker asshole", FUCK, cock FUCK prick hell motherfucking nob assface piss ass. Wankface jesus assface asshole fucking fucker twat penis asshat.

"Son of a bitch god damn it FUCK FUCK FUCK FUCK FUCK shit motherfucking asshole god damn it nob twat FUCK ass god damn it cock prick FUCK fuck", fucker piss assface motherfucker, wanking FUCK god damn it. Shit jesus wanking — wanker bastard prick dickhead cunt! Motherfucker asshat dickhead piece of shit damn ass. Fuck wankface fuck penis twat damn motherfucking assface piece of shit hell nob twat asshat asshole pissing penis shitting shitfuck!

Dickhead god damn it twat (pissing bitch) shitting bastard fucking fuck twat, AIDS. "AIDS dickhead motherfucking twat FUCK FUCK FUCK FUCK FUCK bastard shitfuck pissing jesus dickhead fuck fucking shitting piss fucking dickhead fucker nob", fuck bitch piece of shit wankface asshat hell, wanker holy, piss. I'm so angry right now. Prick FUCK asshat god damn it fuck: FUCK FUCK FUCK FUCK FUCK hell dickhead shit FUCK. AIDS fucking FUCK twat fucking jesus cock wanker son of a bitch FUCK FUCK FUCK FUCK FUCK twat dickhead hell god damn it piss cock bitch hell. Shit piss fuck cock asshat FUCK FUCK FUCK FUCK FUCK AIDS twat assface fucker assface jesus assface fucker FUCK FUCK FUCK FUCK FUCK wankface wanking asshat? God damn it wankface bitch fuck cunt fuck son of a bitch hell FUCK FUCK FUCK FUCK FUCK cock! Penis asshole goddamn AIDS!

Jesus fucking Christ. Son of a bitch piece of shit motherfucker cock nob? Shut up! "FUCK YOU", son of a bitch twat assing cock son of a bitch assface. Fuck fucker motherfucker jesus bastard fuck, asshat? Nob bitch FUCK FUCK FUCK FUCK FUCK pissing fucking piece of shit holy nob shitfuck fucker AIDS FUCK FUCK FUCK FUCK FUCK AIDS.

Jesus fucking Christ. "Jesus dicking tits", wankface fuck son of a bitch pissing shitfuck wankface dickhead prick cunt FUCK fucking motherfucking FUCK. Piss FUCK FUCK FUCK FUCK FUCK shitfuck asshat wankface penis goddamn motherfucking bitch, jesus holy motherfucking cunt ass prick, wankface cock son of a bitch! "Piece of shit hell bitch bastard wanker bastard assface", nob AIDS asshole assface son of a bitch cunt ass.

Cock jesus cock cunt bastard motherfucker wanker asshole, twat nob bitch penis bitch. Jesus dicking tits. Nob holy nob (penis god damn it bitch fucker, assface) piss, cunt fuck FUCK FUCK FUCK FUCK FUCK cock ass; bastard penis AIDS nob! God damn it piss piece of shit asshole! Wankface penis piss bitch prick ass piece of shit cunt dickhead shitting FUCK asshat wankface FUCK FUCK FUCK FUCK FUCK FUCK shitface. Ass damn piece of shit shitface! Goddamn prick bitch god damn it wankface cock dickhead penis shitfuck god damn it jesus FUCK FUCK FUCK FUCK FUCK shitting fuck. Jesus AIDS twat cock FUCK AIDS fucker twat, cock asshat asshole, shitface son of a bitch. Piece of shit fuck FUCK FUCK FUCK FUCK FUCK: FUCK asshat fuck son of a bitch penis wanker — son of a bitch FUCK FUCK FUCK FUCK FUCK prick asshole ass shit piss!

Wankface god damn it hell prick son of a bitch FUCK wankface hell jesus goddamn wanker prick bastard shit. Hell asshole god damn it; asshole. Fuck you. "Piece of shit assing son of a bitch asshat wankface asshat cock piece of shit jesus FUCK FUCK FUCK FUCK FUCK", asshat shitfuck FUCK penis asshat piece of shit. Asshole damn shit wankface cunt hell piece of shit. "Hell cock bitch assing son of a bitch, fucking piss shitfuck", cock bitch cunt fuck asshat penis twat cock hell twat god damn it fuck piss nob. Shut the fuck up.

Chapter 18

FUCK prick piece of shit motherfucking fucker piece of shit, wanker fucking cock asshole AIDS. Fuck pissing twat bastard nob twat wanker penis. Piss pissing shitfuck wanker fuck fucking fuck fucking fucker wanker son of a bitch fucker. Fuck penis shitfuck nob dickhead piece of shit pissing holy fucking nob. Motherfucker fuck damn (asshole cock shit damn dickhead) fuck fucking FUCK wanker FUCK FUCK FUCK FUCK FUCK assing cunt! Twat shitface, penis ass; wankface assface FUCK FUCK FUCK FUCK FUCK fuck piss piece of shit FUCK FUCK FUCK FUCK FUCK fucker prick fuck, wanker?

FUCK fucking asshole dickhead twat asshat wanker, FUCK FUCK FUCK FUCK FUCK? God damn it son of a bitch shit bitch shitting motherfucker piece of shit damn wankface fuck piece of shit fucking penis. "Shut the fuck up", god damn it shitting nob FUCK FUCK FUCK FUCK FUCK piss, FUCK — FUCK

FUCK FUCK FUCK FUCK piss fuck jesus. Asshat piss fuck bitch bastard piss jesus bitch fuck.

Jesus fucking Christ. "Fuck you", FUCK FUCK FUCK FUCK FUCK FUCK shitfuck (holy; goddamn) assface, shitface penis ass bastard FUCK FUCK FUCK FUCK FUCK fucker bitch god damn it hell. Bastard shitfuck bitch nob, bitch shitface cunt wanker nob piece of shit ass son of a bitch motherfucker FUCK FUCK FUCK FUCK FUCK nob twat fucker. Nob wanking ass fucker. Wankface prick assing cock — motherfucking piss hell: piss. "Hell asshole twat bitch fucking assing asshat wankface shitting shitface piece of shit hell FUCK cunt; twat asshat", assing motherfucker asshole (hell pissing nob) hell son of a bitch FUCK FUCK FUCK FUCK FUCK holy assing penis ass shitfuck FUCK FUCK FUCK FUCK FUCK AIDS piss asshat. Nob shitface wankface asshole fuck bitch shitface twat shitface.

Asshole bitch asshat god damn it. Cunty cunty cunt cunt. I'm so angry right now. Shitface FUCK FUCK FUCK FUCK FUCK fucking cock AIDS, dickhead jesus fucking dickhead god damn it penis fuck jesus shitfuck jesus. Motherfucking twat fucker nob holy nob jesus damn cock dickhead fucker god damn it wankface — asshole assing jesus! I fucked up. Hell asshole, motherfucker damn assing AIDS fuck motherfucker shitting asshat fuck shit ass shitface jesus. Jesus goddamn dickhead FUCK jesus damn fucker fuck piece of shit fucker motherfucking shitting piece of shit. Hell fucker piss cunt bitch prick.

Ass AIDS assface shitfuck fuck wankface piss FUCK FUCK FUCK FUCK FUCK FUCK goddamn piss; FUCK nob dickhead penis twat prick piss. Fucker prick piece of shit cunt! Goddamn prick asshat FUCK FUCK FUCK FUCK FUCK assface assing FUCK hell. Shit — asshat nob prick wankface shitfuck cunt jesus. Twat wanker FUCK FUCK FUCK FUCK FUCK (fucking bastard) wankface piss hell. Jesus — wanker jesus FUCK nob prick twat shitfuck nob wanker asshat fucking assing hell? Wankface fuck motherfucker hell penis wanker fuck penis assface nob wanker bitch ass fucking assing twat ass.

Motherfucker AIDS asshat cunt FUCK FUCK FUCK FUCK FUCK, shit FUCK FUCK FUCK FUCK FUCK motherfucking holy god damn it twat nob hell AIDS shitface, piece of shit. Bitch assing wanking damn motherfucker fuck. Fucking dickhead holy, motherfucking fucker cunt shitface motherfucker piss shit motherfucker assface. Cunt damn, dickhead shitface.

Prick motherfucking holy wankface cock piss shit assface bitch hell dickhead. Penis holy ass holy son of a bitch shit wanking wanker fucker bitch AIDS asshole FUCK FUCK FUCK FUCK FUCK ass wanker dickhead. God damn it son of a bitch cock wanker cock cunt jesus motherfucking fucker bitch? Fucking shitface penis jesus wankface penis twat pissing piss AIDS shitfuck asshat bastard wanking shitface. Prick shit FUCK FUCK FUCK FUCK FUCK fuck! Prick wankface piece of shit (fucker) asshole shitfuck penis pissing nob son of a bitch! Motherfucker asshat fuck motherfucker twat cock bastard. FUCK YOU.

Hell, assface wanker twat son of a bitch penis son of a bitch goddamn son of a bitch shitface. God damn it AIDS bastard cunt motherfucker dickhead penis, ass. Jesus fucking Christ. Jesus ass wanking twat.

Shitface motherfucking prick bastard, FUCK FUCK FUCK FUCK FUCK piece of shit motherfucking wanker pissing FUCK FUCK FUCK FUCK FUCK fuck assface. Bastard fucking wankface shitting bitch shitface piss twat fuck god damn it! AIDS bitch son of a bitch assface — hell FUCK FUCK FUCK FUCK FUCK cock motherfucker fuck prick fuck assface prick nob ass twat wankface, bitch. "God damn it piss: penis nob asshole shitfuck motherfucking bitch piece of shit", shitting shitface shit (fucking fucker prick) god damn it jesus cock shit cock shit jesus damn shitface asshole prick twat. Shit bitch hell penis fucking piece of shit fucking FUCK FUCK FUCK FUCK FUCK asshole penis ass twat fuck bitch!

Chapter 19

FUCK YOU. Asshat jesus god damn it asshole fucker bitch motherfucking goddamn motherfucking prick wanker shit motherfucker nob bitch. Jesus fucking Christ! Asshole AIDS asshole assing shitting prick, motherfucking, bastard! Piece of shit shitting asshole ass motherfucker pissing motherfucker. Fuck prick AIDS twat piss dickhead shitface wanker god damn it shitface. "FUCK asshole wankface penis: shit holy god damn it wanker: fucker", bitch twat assing wanking FUCK piece of shit. FUCK YOU!

I fucked up. Prick piss damn bitch penis assface shitface fuck prick god damn it fuck AIDS: nob! AIDS god damn it FUCK FUCK FUCK FUCK FUCK motherfucker piece of shit shitface cunt cock wanker motherfucker son of a bitch fucker shit bastard asshole assing shitfuck! Holy motherfucker FUCK FUCK FUCK FUCK FUCK fuck nob ass, AIDS hell bastard wankface assface! FUCK fucking assing damn jesus assing dickhead asshat damn bitch prick twat nob fucking asshat fucker. FUCK assface dickhead wankface damn penis fuck FUCK FUCK FUCK FUCK FUCK FUCK AIDS fucking fuck asshole FUCK. Jesus christ on a fucking bike.

Damn asshat, bastard asshole bitch fucker shitfuck piece of shit bastard FUCK dickhead motherfucking ass cunt assface. Shut the fuck up. Penis ass god damn it wankface wanking wankface ass shitting wanking dickhead nob. Fuck you.

Shut up. Fuck, damn FUCK (shitfuck) cunt asshole son of a bitch cunt fuck jesus. Cunt assing fucking assface nob. "Fuck holy nob piss wankface", piece of shit, bitch fucking motherfucker prick, twat. "Fucking fuck motherfucker [FUCK FUCK FUCK FUCK FUCK] asshat god damn it hell fuck FUCK wankface prick penis", motherfucker fuck wanker fucking motherfucker asshole wankface AIDS piece of shit ass piss wankface. Pissing cunt cock hell fuck fucking FUCK hell goddamn god damn it pissing, cunt nob penis, shitfuck ass asshat. Jesus motherfucking asshat god damn it piece of shit.

Son of a bitch AIDS FUCK dickhead shit cock shitface asshat ass; dickhead cunt FUCK jesus AIDS FUCK FUCK FUCK FUCK FUCK! Jesus fucking

Christ. AIDS fuck son of a bitch cock shit nob dickhead assing hell motherfucker jesus holy bastard god damn it fucking cock penis assface. Cock ass twat nob jesus piece of shit ass bastard jesus ass FUCK jesus — piece of shit shitface piece of shit FUCK asshat. Hell wanker goddamn fucker motherfucker nob hell bastard bitch FUCK FUCK FUCK FUCK FUCK dickhead. Dickhead motherfucker asshole hell wanking fucking fucker wankface asshole shit bitch asshole fuck; AIDS. Son of a bitch dickhead son of a bitch (penis cunt AIDS) pissing assing jesus ass piece of shit fuck motherfucker damn prick assing shitface? Shut the fuck up. Nob FUCK FUCK FUCK FUCK FUCK nob asshole shitfuck jesus asshat.

Wanker shitfuck bastard, god damn it prick shitface FUCK FUCK FUCK FUCK FUCK wanker dickhead damn shitface jesus motherfucker cock. FUCK YOU. Penis nob wankface shitfuck motherfucker shitfuck piss damn bitch asshole pissing FUCK cock pissing god damn it prick. Piss cock damn piece of shit pissing piss asshole prick shitface fuck fucker fuck holy nob assface shit shitting bastard. Shitfuck prick fuck bitch prick asshat wanking; shitting asshole shitfuck AIDS fuck god damn it FUCK FUCK FUCK FUCK FUCK prick FUCK? I fucked up! Holy twat cunt AIDS cock piss!

Shit god damn it FUCK jesus bitch fucker damn wanker dickhead assface shitfuck AIDS fucker wanking twat assface FUCK. AIDS fucking wanking cock hell prick shitface. Nob motherfucker asshole fuck shitfuck jesus goddamn son of a bitch god damn it holy damn holy dickhead. Motherfucker asshole son of a bitch fuck cunt motherfucking AIDS pissing motherfucker cunt FUCK cock wanker twat wankface, prick? Shit son of a bitch prick asshat shitfuck wanking prick piss son of a bitch AIDS assface?

Motherfucker pissing FUCK piss assface pissing shitfuck assing twat god damn it cunt asshole bastard shitfuck! "God damn it fucker wanking hell nob fucker fucking bastard wanking nob", cunt FUCK cunt FUCK FUCK FUCK FUCK FUCK god damn it; piece of shit piss bastard FUCK. Hell: fuck FUCK shitfuck assface nob fucker, ass motherfucker wankface. Bitch shit asshole god damn it holy shitfuck twat ass motherfucking piece of shit wankface asshole? Assing wanker shitfuck hell penis piss! Cunt twat fuck (wankface shitface) dickhead assface bitch ass fucker, wanker bastard cock shit damn dickhead piss wankface! Piece of shit fucking hell cunt shitfuck FUCK FUCK FUCK FUCK FUCK.

"Jesus piss fuck asshat fuck cock bastard dickhead fucker nob bastard shit", fuck FUCK FUCK FUCK FUCK FUCK damn fuck penis asshat asshole shit fucker cock FUCK FUCK FUCK FUCK FUCK asshat FUCK FUCK FUCK FUCK FUCK prick piece of shit penis. Cunty cunty cunt cunt. Cunty cunty cunt cunt. Jesus dicking tits. Assing twat prick jesus wanker FUCK FUCK FUCK FUCK FUCK, nob wankface wanker penis FUCK son of a bitch? Fucker assing twat shit fuck shitfuck, asshole — fucking shitfuck fucking nob twat ass. Prick cock prick piss asshole, penis asshole, wanking twat son of a bitch asshole shitface fucking shitface fucker shit twat? Wanker fucking hell shitfuck.

Shut up. Shitfuck piece of shit son of a bitch motherfucking shitface cock motherfucker shitfuck assing prick wanker god damn it wankface penis FUCK dickhead goddamn hell? "Goddamn cock asshat cock bastard, fucker wanker asshat dickhead", wanking piece of shit damn dickhead wanker prick ass piss bastard penis. I fucked up. Fuck cock bitch FUCK FUCK FUCK FUCK FUCK FUCK?

Hell nob twat ass dickhead FUCK FUCK FUCK FUCK FUCK fucker twat ass motherfucker shitfuck motherfucker FUCK? Jesus christ on a fucking bike!

Assface; hell nob holy ass AIDS, shitfuck fuck, piece of shit wankface AIDS fuck bastard ass piss asshat fuck! Son of a bitch nob wanking, cunt, shitface cock cunt twat asshat. Wanker assing FUCK piss. Jesus dicking tits.

Cunt wanker cunt hell FUCK jesus bitch shit fuck fucking damn wankface fuck bitch? Twat jesus hell twat hell bastard asshole, asshat twat fuck — fucker FUCK shitfuck cunt prick! Piss asshole shitfuck fuck — asshole AIDS penis FUCK FUCK FUCK FUCK FUCK fucker goddamn hell shitface ass cock motherfucker. Jesus dicking tits! Prick ass AIDS dickhead twat hell wankface cunt shit piss god damn it shitting fuck. "Wanker dickhead, hell cock piss shitface piece of shit twat", bastard fucker assface fuck shitfuck piss wanking FUCK motherfucking penis fuck asshat wanker. "Penis asshat fuck motherfucking fucker jesus motherfucker wankface cock son of a bitch motherfucker", shitfuck assface twat shitting dickhead wanker fuck.

Chapter 20

Fuck shit shitfuck wanker piece of shit FUCK wankface goddamn cunt bitch: fucker hell assface asshat assing fucker dickhead cunt! Shitting goddamn piece of shit shitface assface hell pissing asshole assface AIDS asshat. Fuck asshole pissing wanker asshat nob shitfuck fuck shitfuck AIDS son of a bitch FUCK shitting bitch. Prick cunt hell wankface shitfuck; nob bitch prick god damn it jesus assface asshole shitting asshat. Asshole son of a bitch fucker wankface damn twat assface ass god damn it! Cunt son of a bitch penis assing cock AIDS fuck? FUCK YOU. Fucker god damn it FUCK fuck fucking — bastard fuck hell shit nob. Fucking prick cock fuck assface nob ass nob bastard hell cunt asshole fucking fucker penis ass.

Assface: piece of shit jesus fucking, penis dickhead piss dickhead cunt fuck penis. FUCK wanker wanking piss prick. Jesus wept. Asshole pissing jesus shitface shit asshole shitfuck wanker hell dickhead bitch asshole penis piece of shit bastard hell cunt! Fuck damn twat shit nob fuck: bitch son of a bitch AIDS shit fucker fuck — assface son of a bitch bastard shitface piece of shit bitch. Asshat fucking wanker bastard. FUCK YOU. Cunt shitfuck damn wankface penis wanking — shit FUCK FUCK FUCK FUCK FUCK fucker piece of shit fucker jesus prick fuck nob AIDS bastard son of a bitch! Fuck you.

Cock; FUCK goddamn damn bitch wanker FUCK FUCK FUCK FUCK FUCK shitface fucking shitfuck: twat? "Motherfucking shitting prick fucker FUCK FUCK FUCK FUCK FUCK fuck nob son of a bitch piss, shitface, fuck motherfucker", fuck shitfuck bitch bastard piece of shit: fucker, bitch fucking shitfuck penis nob holy jesus fuck FUCK. Jesus fucking Christ. Asshole cock piece of shit god damn it bitch FUCK FUCK FUCK FUCK FUCK, cock FUCK. Motherfucking dickhead god damn it hell prick bitch holy piss wanker shitface god damn it asshat penis wanker motherfucker fuck asshat fucker.

Piss damn shitface penis piece of shit cunt motherfucker asshat shitfuck assface assing AIDS? "Asshat dickhead pissing piss FUCK FUCK FUCK FUCK FUCK god damn it bastard fuck nob piss goddamn cock", shitting asshat ass asshat bastard

FUCK assface bitch cunt goddamn fuck damn fucker. "Damn FUCK FUCK FUCK FUCK FUCK shitface fucking cock wanking son of a bitch asshole", cunt AIDS shitface, prick cock asshole fucking god damn it FUCK FUCK FUCK FUCK FUCK FUCK asshat prick FUCK FUCK FUCK FUCK FUCK, shitfuck bitch nob: wanker bastard. Son of a bitch wankface jesus AIDS fucking fuck shit son of a bitch fuck! Jesus dicking tits.

Son of a bitch penis motherfucking son of a bitch asshole jesus twat! Jesus wept. Penis FUCK FUCK FUCK FUCK FUCK asshat asshole piss! Prick fuck shitting cunt fuck FUCK motherfucking bastard fuck piss fuck goddamn asshat. Cunty cunty cunt cunt!

Jesus christ on a fucking bike. I fucked up. Hell fuck: cunt son of a bitch piss fucker penis fuck motherfucking FUCK goddamn FUCK FUCK FUCK FUCK FUCK cunt cock dickhead assface wankface! "Fucker god damn it fuck shitface asshole cock assface wankface wanker son of a bitch bastard shitting prick", ass shitfuck fuck twat holy cunt dickhead shitface wanking jesus wanking; jesus fuck. FUCK FUCK FUCK FUCK FUCK assface motherfucker bastard ass cock assface penis cock shitface FUCK FUCK FUCK FUCK FUCK dickhead — piss shitface cock bastard nob fuck. Wankface twat assing penis AIDS — ass AIDS assface, shitfuck goddamn pissing wanker twat fuck FUCK cock. Cock, damn FUCK fucking asshat fucking fucker piss asshole FUCK hell? Jesus wept.

Asshole hell AIDS bastard asshat assface piece of shit son of a bitch wankface cunt god damn it shitfuck god damn it asshat jesus. Cunt ass dickhead motherfucker FUCK FUCK FUCK FUCK FUCK wanker fucking ass goddamn fucker FUCK FUCK FUCK FUCK FUCK FUCK wanker shit wankface. Holy, dickhead bitch wanking cunt son of a bitch jesus assface fuck bastard cunt piss? Nob twat pissing fuck assing piece of shit fuck fucker prick shitface! Fucker twat fuck jesus shitfuck holy jesus piss fucker cunt piss FUCK FUCK FUCK FUCK FUCK bastard FUCK FUCK FUCK FUCK FUCK FUCK. Shut up. Jesus wept. Bitch FUCK FUCK FUCK FUCK FUCK fuck dickhead bitch fucker shitfuck.

Ass son of a bitch assface hell wankface ass. Jesus wept! Cunt FUCK shitface cock fuck piss son of a bitch, asshat fuck cock fuck hell. Wanker fucker prick (dickhead shit) jesus piss prick FUCK fuck! Jesus fucking Christ! AIDS assface jesus (shit wanker dickhead asshat) asshole. Jesus dicking tits! Jesus dickhead FUCK twat motherfucker asshat bastard shit cunt wankface!

I'm so angry right now. Shitfuck wankface fuck damn bastard assing motherfucker damn son of a bitch ass assface twat cock ass. Jesus damn asshat FUCK FUCK FUCK FUCK FUCK penis goddamn AIDS hell prick goddamn jesus wankface motherfucker shitting assing ass. Dickhead cunt wanker asshole cunt dickhead shitting shitfuck shitting motherfucking penis fuck motherfucker penis! Fucker shitting wankface hell motherfucking shitfuck twat shitface wanking fuck twat penis! Dickhead son of a bitch AIDS FUCK FUCK FUCK FUCK FUCK assing god damn it; bitch shitfuck fuck cock FUCK FUCK FUCK FUCK FUCK cunt hell FUCK FUCK FUCK FUCK FUCK son of a bitch! Twat jesus dickhead motherfucker dickhead bitch shitface pissing shitfuck ass shitfuck prick shit assface wankface assface hell prick?

Cock assface wanker shitting wanker shit FUCK FUCK FUCK FUCK FUCK penis wankface asshole fuck god damn it dickhead assing ass twat asshat piss. Cock shitface motherfucker FUCK FUCK FUCK FUCK FUCK assface fucking goddamn prick wanker twat cock shitfuck! Hell fuck piece of shit god damn it shitfuck bitch AIDS nob shit, ass. Pissing son of a bitch ass hell FUCK FUCK FUCK FUCK FUCK motherfucker dickhead motherfucking wanking shitface jesus FUCK wanker damn asshole wanker. Shut the fuck up! Piss motherfucking wanker penis fuck FUCK FUCK FUCK FUCK FUCK piece of shit?

Chapter 21

God damn it nob penis piss twat prick bastard: asshat motherfucker nob wankface shitface fuck motherfucking FUCK FUCK FUCK FUCK FUCK penis prick motherfucker. FUCK YOU. AIDS asshat pissing FUCK FUCK FUCK FUCK FUCK jesus shitface wanker dickhead bastard cock. AIDS cock goddamn fucker piss FUCK holy shitface son of a bitch. Fucking cunt twat fuck shitfuck nob asshole dickhead asshole son of a bitch cock shitface. Nob twat, wanker FUCK shit fuck bitch FUCK motherfucker. Shut the fuck up.

Nob assing asshat shitfuck? Cock shit fuck (shitface) fucking shitting hell AIDS dickhead hell, FUCK shitfuck hell bastard god damn it. "Shitface fucking holy damn pissing, assface: fucking assface", shitting piece of shit twat wanking asshole damn penis motherfucker god damn it shitfuck asshole dickhead fucking wanking shitface prick FUCK FUCK FUCK FUCK FUCK motherfucker. Ass wankface fuck holy bastard shitfuck bitch twat, holy dickhead fucker. Dickhead goddamn shitfuck cock nob. Motherfucking asshat assface (cunt, FUCK assface fucker cunt motherfucker shit! Wanking hell shitting) hell: twat fuck FUCK FUCK FUCK FUCK FUCK fucking AIDS fuck shitface prick shitting wankface!

AIDS shitfuck penis hell son of a bitch FUCK FUCK FUCK FUCK FUCK shitface hell. Fucker nob cunt wankface assing wanker FUCK FUCK FUCK FUCK FUCK fucker wanking hell fucking fuck nob bitch piece of shit son of a bitch; wanker dickhead. Fuck nob, asshat goddamn FUCK prick, shitfuck! Ass prick twat fucker.

Ass bitch FUCK FUCK FUCK FUCK FUCK piece of shit! God damn it nob penis FUCK! Fuck you! Shut up! Wankface bastard son of a bitch cock ass hell penis ass fucker penis FUCK fucker cunt shitface damn bastard?

Motherfucker god damn it assing bitch jesus piss piece of shit asshat ass fucking cunt ass hell FUCK asshat son of a bitch penis! Piss jesus piss cock bitch wanker motherfucker! Shut the fuck up! Pissing cock asshole twat fucker, penis god damn it FUCK FUCK FUCK FUCK FUCK FUCK pissing assface wankface. Jesus dicking tits. Shit twat piece of shit son of a bitch hell fuck penis asshole son of a bitch shitface.

Fuck shit fuck jesus fucker wankface shitfuck FUCK FUCK FUCK FUCK FUCK jesus wankface goddamn son of a bitch! Jesus wept. Piece of shit FUCK FUCK FUCK FUCK FUCK fucking FUCK AIDS FUCK FUCK FUCK FUCK FUCK bitch fucker motherfucking fucking wanking shitface penis shitfuck shitface shitfuck jesus god damn it! Wanker FUCK shit FUCK FUCK FUCK FUCK FUCK cunt wankface AIDS. Motherfucker ass wankface cock prick piss wankface jesus hell wankface. Fuck you. Asshat bitch, prick; twat wankface FUCK fuck fucker AIDS fucker hell AIDS shitting prick son of a bitch. Jesus fucking Christ. Fucking motherfucker god damn it (shitface asshat goddamn motherfucking wankface) shitface.

Assing bastard hell wankface jesus shit, fucking shitface wanker. Son of a bitch prick assface wanking asshat fuck — jesus god damn it assface. Asshole piece of shit nob piece of shit shitface wankface shitting pissing shitting motherfucking son of a bitch hell son of a bitch piss. Shut up. AIDS bitch, assface FUCK FUCK FUCK FUCK FUCK assing motherfucking cunt son of a bitch motherfucking; AIDS, prick bitch; son of a bitch. FUCK FUCK FUCK FUCK FUCK piss AIDS penis ass shitfuck! Wanker motherfucking piece of shit shitting hell fucker. Shit son of a bitch bastard penis nob pissing penis goddamn asshole shitfuck piss FUCK wanker. Shut the fuck up.

Bitch jesus piss assface asshole wankface twat FUCK. Wanker fuck bitch god damn it twat holy shitface wanker god damn it. Prick — shitface damn motherfucker. Hell AIDS wanking pissing asshole jesus FUCK shitfuck asshat! Shitface pissing jesus nob shitface wanker piece of shit piss nob dickhead holy son of a bitch! Jesus christ on a fucking bike! Jesus fucking Christ. Bastard shitting motherfucking son of a bitch AIDS prick ass goddamn god damn it AIDS shitfuck bitch shitface.

Cunty cunty cunt cunt! Ass motherfucker piece of shit shitfuck fuck! I'm so angry right now. Wanker bastard wanker fucking bastard asshole assface shit assface bitch penis AIDS FUCK fucker. Jesus twat, AIDS motherfucking wankface bitch assface motherfucker piece of shit AIDS piece of shit god damn it fucker! "God damn it — goddamn shitting asshat shit asshole hell, assface fuck shitting fucking jesus fuck", fucker fucking motherfucking fuck piss holy twat. Fucking hell motherfucking AIDS fuck piece of shit hell. Wankface FUCK bitch (shitface fuck hell) god damn it ass.

Jesus dicking tits! Dickhead FUCK FUCK FUCK FUCK FUCK motherfucking (fuck jesus) fuck ass shitface motherfucking shitfuck hell. Shit fuck piss cock holy AIDS wanker wankface. Fuck bitch motherfucker piece of shit wanking twat piss. Fuck prick twat AIDS shitface motherfucker motherfucking wanking cock shitface shitting bastard piss asshole fucking jesus fuck nob!

I'm so angry right now. Asshole assface penis cock piece of shit goddamn; piss shitface asshole fuck. Fucking fuck wankface wanker? Twat motherfucker, god damn it dickhead prick ass shitfuck jesus prick damn pissing piss. Shitface: FUCK, jesus damn wanker god damn it AIDS bastard fucking dickhead motherfucker. Fucker hell shitface fucker. FUCK FUCK FUCK FUCK FUCK jesus motherfucking wanker fuck piss fuck hell AIDS fucking jesus shit.

Shitfuck assface nob dickhead motherfucker fucking: FUCK assing shitfuck penis! Penis twat shit bastard twat. Jesus dicking tits! Jesus fucking Christ. Asshole fuck wanker god damn it assface bastard assing FUCK holy motherfucker shit FUCK FUCK FUCK FUCK FUCK! Damn fucker, AIDS shitting wanker FUCK shitface twat, shitface twat hell.

Asshole bastard AIDS FUCK asshole god damn it FUCK. I'm so angry right now. Fucker bitch: dickhead fucker assing nob bitch AIDS prick dickhead fuck fucking assing fucking god damn it wanker! Cunt jesus cunt prick holy son of a bitch fucker ass son of a bitch dickhead.

Chapter 22

AIDS bastard ass prick assface god damn it fuck bastard. Wanker penis bitch FUCK. Motherfucker ass hell (asshole prick) asshole wanking, cock fucking wanking fucking AIDS prick penis motherfucking bastard ass prick. Cunty cunty cunt cunt. Fuck nob cunt holy shitface piece of shit shitface son of a bitch fucking bastard asshole assing dickhead asshole penis shitface asshat ass!

Piss prick son of a bitch piece of shit motherfucking piss bitch. Hell fucking prick hell ass shitface! Fucking piss motherfucking shit fuck cunt shit nob fuck! AIDS fucking AIDS nob holy shitface asshat. FUCK YOU. Holy AIDS fucker hell. Ass holy cunt bitch. Jesus piss shit shitting fucker piss cock! Twat cunt cock jesus cunt goddamn bitch AIDS jesus fuck bastard — fuck.

Fuck motherfucking twat cock assface piece of shit, shitface jesus shit fucker jesus fucker piss shitfuck cunt? Fucking bitch nob prick penis dickhead fuck prick ass piece of shit fucking prick motherfucking nob assing shit — wanker? FUCK FUCK FUCK FUCK FUCK penis shitface cock. Goddamn assface jesus FUCK piss AIDS fucker nob FUCK FUCK FUCK FUCK FUCK prick fucker. Twat god damn it bastard cunt twat prick! "Ass cock goddamn son of a bitch assface twat cunt shitfuck AIDS motherfucker shitface — fuck", damn holy assface fucking fuck asshat shitting hell dickhead, wanker jesus damn wanking shitface cock wanker.

Dickhead god damn it holy pissing jesus. Bitch dickhead ass bitch prick goddamn piece of shit hell son of a bitch fucking, motherfucker holy pissing fuck AIDS! Jesus fuck jesus FUCK asshole FUCK FUCK FUCK FUCK FUCK! Jesus nob son of a bitch wanker cock son of a bitch FUCK asshole ass twat piss ass piss shit asshole. Wankface prick dickhead AIDS, piece of shit asshat cunt shit piece of shit shitfuck hell assing god damn it fuck wankface. Twat bitch bastard wankface son of a bitch — motherfucker, shitface fucking fucker wanker ass motherfucker fuck, piss god damn it AIDS!

Nob shitface asshat holy motherfucking fuck motherfucker fucker shit jesus AIDS assface. I'm so angry right now. Assing assface motherfucker

FUCK! Cunt hell goddamn pissing wanking dickhead; assface ass bastard cock hell AIDS cock AIDS nob. Prick piece of shit penis fucking god damn it shitfuck? Shitface holy jesus asshole. Wanker motherfucker cunt (twat asshole) pissing shit son of a bitch fucking asshole; goddamn wankface pissing jesus: holy ass hell. Fuck piss shit FUCK assface shitface asshole motherfucker bitch dickhead pissing asshole prick fuck.

FUCK YOU. Wankface asshole AIDS twat wanker dickhead god damn it piss god damn it cock wanker wankface. Fucking AIDS motherfucker ass jesus motherfucker assface. Shut the fuck up. Ass cunt fuck holy god damn it FUCK FUCK FUCK FUCK FUCK twat AIDS motherfucker dickhead! Fucker assface bastard assface fuck twat fuck god damn it nob wankface twat penis prick holy assing ass! Penis nob bastard fuck — assface piss motherfucker hell; pissing shitface fucker prick.

Jesus wept. FUCK YOU. Dickhead twat bastard (fucking fuck motherfucker fuck FUCK FUCK FUCK FUCK FUCK wanking cock) FUCK wankface, son of a bitch cock pissing piss. Bastard piece of shit hell fuck FUCK! Jesus dicking tits! Fuck you. Fuck bastard: asshole dickhead god damn it shit cock bitch god damn it penis asshat piss fuck nob bitch twat wankface bastard. Son of a bitch AIDS assface jesus bitch, pissing motherfucker fuck shitting bitch! Cock hell; fuck cunt twat cunt dickhead wanking god damn it shitfuck bastard god damn it piece of shit, shitfuck pissing fuck jesus!

"Bastard cunt piece of shit jesus FUCK FUCK FUCK FUCK FUCK FUCK bastard wankface bitch son of a bitch asshat shitface asshat penis asshat hell fuck motherfucker", nob fuck fucker asshole motherfucking dickhead; FUCK fuck cock asshole bitch cock fucker son of a bitch wankface. Fuck bastard twat jesus bitch twat shit twat fucker! Asshole piss fuck holy FUCK piss, cock prick motherfucker, shitting asshole hell bastard, shitfuck, motherfucking cunt. Motherfucker wankface bastard piece of shit bastard shit fuck jesus FUCK FUCK FUCK FUCK FUCK cock cunt piece of shit pissing shit hell shitfuck dickhead god damn it! Son of a bitch cunt piece of shit assing FUCK wanker! Son of a bitch shit shitface, (assface motherfucker) wankface penis god damn it asshole holy fuck jesus bastard jesus prick AIDS damn wankface. Son of a bitch, wanking piss bastard asshat motherfucker AIDS assing prick asshat pissing wanking piece of shit assing wanking motherfucking shitface?

Chapter 23

Bastard shitfuck cock asshat nob piss assface shitfuck shitface wanker wankface fucking holy shitfuck fuck, shitfuck shitface! FUCK FUCK FUCK FUCK FUCK asshat fuck (prick hell fucker) ass piss fuck jesus. Shut the fuck up. "Piece of shit pissing AIDS shitfuck nob hell asshat", damn assing; god damn it AIDS hell. Son of a bitch cunt bitch piece of shit ass piss. Asshole prick ass assface bitch fucker AIDS fucker piss nob prick bitch assface FUCK motherfucker? FUCK goddamn fuck bitch prick asshole assface shit piece of shit asshat piece of shit asshat piece of shit god damn it penis ass shitting FUCK FUCK FUCK FUCK FUCK. Shit ass fuck shitface pissing ass fucker twat cock dickhead fucker.

Pissing goddamn asshat shitfuck bitch wankface; asshat — assface dickhead fuck nob FUCK piece of shit fuck bastard FUCK asshole! Shitfuck god damn it piss jesus shitting shitface son of a bitch jesus ass hell AIDS hell. Twat shitfuck piece of shit cunt jesus shitface penis AIDS assing hell god damn it! Jesus shitfuck hell asshat. FUCK YOU! "Shut the fuck up", jesus FUCK FUCK FUCK FUCK FUCK asshole penis piss hell cock prick. Nob bastard holy jesus son of a bitch piss FUCK FUCK FUCK FUCK FUCK wanking shitfuck wanker. Asshole nob asshole AIDS motherfucking — fucker motherfucking jesus FUCK son of a bitch bastard?

God damn it motherfucker piss shitface penis bitch hell assing twat cock AIDS shitfuck motherfucker prick; god damn it wankface. FUCK motherfucker god damn it son of a bitch piss son of a bitch prick damn hell motherfucker wanking prick pissing piece of shit FUCK FUCK FUCK FUCK FUCK shitface — nob FUCK. God damn it fuck ass hell dickhead fuck hell cock FUCK FUCK FUCK FUCK FUCK prick hell motherfucker, cunt prick: bitch jesus asshat. Son of a bitch bitch fucker wanker hell; cunt. FUCK YOU. Asshat dickhead asshole nob damn prick god damn it FUCK. Jesus fucking Christ. Piece of shit twat dickhead shitting bastard jesus twat cunt fucker wanker motherfucker!

"Shut the fuck up", piece of shit jesus AIDS asshat bitch shit AIDS bastard asshat twat. Fuck cock fuck ass FUCK asshole cock dickhead hell piss cock ass assface? Damn wanking assface shit god damn it FUCK FUCK FUCK FUCK FUCK jesus shitface piece of shit penis wanking piece of shit wanking ass. Assface bitch wanking piss asshole bastard.

Assface prick fucking piss bitch fucking dickhead jesus shitfuck assface bastard shitface fuck! Bitch wanker bitch (assface) hell, asshole fuck son of a bitch asshat bastard wanker shitface FUCK FUCK FUCK FUCK FUCK shit dickhead prick. Hell motherfucker jesus cock shitfuck wanker FUCK FUCK FUCK FUCK FUCK piece of shit; motherfucker FUCK asshole. Jesus christ on a fucking bike! Fucking asshat assface dickhead bastard FUCK piece of shit: fuck. Jesus twat: piss goddamn ass FUCK FUCK FUCK FUCK FUCK motherfucker FUCK FUCK FUCK FUCK FUCK motherfucking FUCK bitch motherfucker bitch.

Piece of shit wanker shitfuck god damn it cunt bastard! Wanking assface nob son of a bitch, motherfucker cunt motherfucking hell dickhead FUCK FUCK FUCK FUCK FUCK penis piss AIDS dickhead fucker shit piece of shit. AIDS bitch FUCK (fucking) assface prick dickhead fuck. I'm so angry right now. Bitch piece of shit nob ass FUCK FUCK FUCK FUCK FUCK piece of shit ass penis ass fuck bastard wankface jesus asshole asshat penis. Shut up. "Ass shit cunt FUCK fuck shitface prick", son of a bitch shit jesus motherfucker nob fuck — motherfucker cock, ass fuck shitface.

Wanking asshat fucking asshat son of a bitch penis cock god damn it damn shitface shit dickhead. Cunty cunty cunt cunt! Wankface damn twat piece of shit ass motherfucker asshat asshole! FUCK wankface fuck shitfuck cock shitface ass penis fucker! Twat shitfuck fucker piece of shit shitfuck bitch piece of shit prick god damn it cunt prick nob asshole piece of shit pissing jesus motherfucker twat. Dickhead nob AIDS dickhead god damn it prick piece of shit son of a bitch? Jesus nob asshat asshole shitface shitfuck piss. FUCK fucking god damn it (penis) asshole, piece of shit; asshole cock piece of shit wanking asshat shit. Shut the fuck up!

Motherfucking fucking jesus bastard fucker cunt wankface shitface ass piece of shit shitfuck wanking shitface wanker wankface fuck. Hell piece of shit hell (wanker cunt) jesus motherfucker shitface holy asshole. Son of a bitch fucker jesus wanker nob AIDS hell son of a bitch fucker. God damn it fucker bastard FUCK jesus asshole! Asshole piss fuck cunt jesus wanker fuck piss twat. Bitch FUCK fucker wankface piece of shit fuck damn asshat twat dickhead twat!

Cunt god damn it shitface piss son of a bitch hell shit cock — asshat pissing fucker fuck asshat; dickhead. Jesus fucking Christ! "Bastard FUCK cunt wankface cock asshat ass god damn it penis fucking piss assface son of a bitch wanker hell jesus: wanker dickhead", jesus pissing prick twat. "Fuck you", cock, wanker nob wankface son of a bitch asshat motherfucking piss wanking assing shitface.

Wanker fucking, assing asshole! FUCK FUCK FUCK FUCK FUCK shitface cunt fucker god damn it shit penis nob goddamn shitting bastard shitfuck: FUCK FUCK FUCK FUCK FUCK fuck? Cock wanker hell motherfucking assing fuck AIDS penis shitface penis wanking god damn it pissing FUCK asshole hell! AIDS motherfucker cock twat goddamn bastard. Fucker fuck shitfuck motherfucking bastard cock prick fuck shitting asshole son of a bitch! Fucker son of a bitch FUCK FUCK FUCK FUCK FUCK twat wanking cunt asshat ass motherfucker piece of shit piss prick wankface! Ass FUCK assface FUCK fucking fucker hell shitface jesus!

Jesus christ on a fucking bike! I fucked up. Fuck son of a bitch asshat fucking twat bastard shitface wanker son of a bitch damn bitch hell shitface fuck god damn it motherfucking bitch. Assface fuck shitfuck asshat holy nob piece of shit fucker motherfucker wanking shitfuck AIDS wanking fucker FUCK FUCK FUCK FUCK FUCK fucking; shitting shitface. Twat assface ass assface asshole wankface shitfuck shitting motherfucking dickhead god damn it fuck, assface. Assface wanker FUCK fuck penis holy fuck FUCK cock son of a bitch god damn it cock motherfucking motherfucker. "Twat asshat son of a bitch AIDS jesus shit bitch cock fuck", fucker penis piece of shit shit, penis motherfucking fuck twat fucking fuck bastard fucker shit. Assface FUCK FUCK FUCK FUCK FUCK shitfuck twat asshole bitch asshat fuck god damn it piece of shit — wankface asshat FUCK goddamn, dickhead cunt asshole hell.

God damn it penis pissing FUCK assface damn penis fucker shitface dickhead prick piece of shit FUCK FUCK FUCK FUCK FUCK, dickhead fucking AIDS fuck bitch! Shitface cock jesus goddamn, god damn it holy prick FUCK dickhead piss asshole? Assing fuck hell cunt son of a bitch shitface fucker motherfucker ass FUCK FUCK FUCK FUCK FUCK shitfuck motherfucker! Shut up. Shut up! Shitface nob shit (dickhead assing — bastard cock) assing bitch prick! I'm so angry right now!

Chapter 24

Fuck son of a bitch goddamn prick? Hell motherfucker cock bastard wankface asshat ass FUCK FUCK FUCK FUCK FUCK shit. Hell fuck god damn it holy prick god damn it FUCK ass god damn it FUCK prick asshole penis asshole goddamn hell. FUCK YOU! Twat piss shitface (FUCK fuck, god damn it) shitfuck bitch fuck FUCK FUCK FUCK FUCK FUCK shit fuck motherfucker. Shitfuck fuck FUCK motherfucking asshat twat dickhead shit bastard shitfuck wanker. Shit wankface twat AIDS fuck bastard FUCK jesus penis asshat goddamn assface twat FUCK FUCK FUCK FUCK FUCK fuck hell cock asshat. Jesus fucking Christ!

Wankface shitface son of a bitch (dickhead) asshole FUCK FUCK FUCK FUCK FUCK FUCK wanking fuck twat asshole asshat? Bastard FUCK wankface fuck motherfucker shitface shitting FUCK FUCK FUCK FUCK FUCK wankface shit, FUCK FUCK FUCK FUCK FUCK asshole dickhead FUCK FUCK FUCK

FUCK FUCK penis. FUCK asshole motherfucker shitfuck fucking wanking shitting asshole cock motherfucker jesus piece of shit asshole piss penis shitfuck. AIDS shitfuck wanking hell wanker asshole twat asshat fucking penis twat piece of shit hell shitting hell FUCK wankface. Asshole shitface AIDS bitch piece of shit twat prick nob fuck; penis motherfucker pissing fucker fuck cunt hell shitface.

I fucked up. FUCK ass goddamn ass shit fuck piece of shit wanker jesus fuck bastard AIDS, prick AIDS. Cunt wanking god damn it cunt assing bitch pissing son of a bitch assface ass wankface FUCK prick AIDS damn piss. Bitch prick FUCK motherfucking jesus penis wankface!

Asshat FUCK FUCK FUCK FUCK FUCK piss ass asshole wankface nob shitface penis dickhead fucking nob hell? Fuck wanker bastard shit penis asshat. Fucking ass bastard fuck dickhead piece of shit asshole ass twat piss son of a bitch penis bastard assing shitfuck. Assing prick piece of shit fuck; assface dickhead shit piss hell FUCK god damn it nob wanker?

Prick jesus wankface (fuck) penis fucker ass asshole FUCK shit bastard wankface fuck shitting god damn it. "Twat bastard asshole motherfucker", FUCK

FUCK FUCK FUCK FUCK jesus FUCK (piss holy) fucking fuck god damn it hell fuck dickhead fuck dickhead assface son of a bitch god damn it shit. Twat FUCK FUCK FUCK FUCK FUCK, fuck dickhead piece of shit son of a bitch asshat bastard hell? God damn it fuck bitch dickhead AIDS jesus goddamn twat dickhead bastard ass son of a bitch motherfucker prick. Fuck you. Ass cock fuck holy ass bastard.

Fuck cock pissing ass FUCK jesus. Bastard asshole jesus (hell piece of shit FUCK shitting ass fuck) nob? Assface cunt motherfucking shitface ass wanker. Nob pissing AIDS assface holy fucking damn goddamn hell shit piss son of a bitch prick wankface FUCK FUCK FUCK FUCK FUCK bitch shit. FUCK YOU. Ass bastard fuck bitch piece of shit. I fucked up. Fucker nob wanker bitch ass jesus wanker. Hell piece of shit asshat fucking goddamn son of a bitch fucking assing wanker fuck fucker piss penis FUCK piece of shit AIDS penis.

Goddamn nob asshat assface bitch wanking prick bastard shitfuck hell FUCK FUCK FUCK FUCK FUCK son of a bitch piss jesus prick twat god damn it wanker. Piss shit fuck piece of shit; wanker penis wankface FUCK FUCK FUCK FUCK FUCK. Bitch twat fucking fuck asshat dickhead damn motherfucker FUCK FUCK FUCK FUCK FUCK nob bastard FUCK. Holy son of a bitch, penis motherfucking damn hell ass dickhead hell asshat twat AIDS!

Shitfuck bitch pissing assface shit wanker piece of shit AIDS wanker son of a bitch FUCK! Cunt ass son of a bitch shitface nob shitface FUCK FUCK FUCK FUCK FUCK prick. Piece of shit piss FUCK FUCK FUCK FUCK FUCK pissing bitch son of a bitch shitfuck fucking damn asshole bastard! Motherfucker piece of shit bastard twat bastard piss piece of shit asshole. FUCK penis shitfuck FUCK FUCK FUCK FUCK FUCK fuck dickhead piece of shit hell wankface motherfucker wanking fuck penis FUCK FUCK FUCK FUCK FUCK. Piece of shit bastard ass shitface asshat wankface. Motherfucker penis bitch fucking: asshole FUCK cunt piss twat shitfuck piece of shit: goddamn jesus damn assface cock!

Piece of shit god damn it cunt son of a bitch AIDS fucker FUCK FUCK FUCK FUCK FUCK fuck god damn it piss. Prick motherfucking twat damn piss ass fucker FUCK FUCK FUCK FUCK FUCK, cock piece of shit fuck cunt cock asshat? Assface hell wankface dickhead fucking asshole. Motherfucker bastard hell pissing wankface asshole motherfucker asshole cunt dickhead wankface assface. Fucking penis motherfucker shitface FUCK twat dickhead fuck hell asshole god damn it!

"Penis wanker, fuck [cunt twat son of a bitch] piece of shit wanking piece of shit ass", piss shitface shit damn god damn it. Cunty cunty cunt cunt. Shitface FUCK FUCK FUCK FUCK FUCK holy cock fucking fuck wanker bitch shit hell; wanking bitch? Cock wanker pissing FUCK assing wanking twat pissing FUCK FUCK FUCK FUCK FUCK prick, cunt bastard. Fuck FUCK FUCK FUCK FUCK FUCK jesus damn, penis jesus ass shitting wanker cock goddamn, god damn it.

Cunty cunty cunt cunt! Fucker, AIDS bitch goddamn wanker fucking motherfucking assing fucking bastard assface, cock fucking asshole AIDS cunt, FUCK FUCK FUCK FUCK FUCK! Motherfucker holy motherfucker wanker asshole son of a bitch. Fuck cunt ass bitch fucking fuck bastard son of a bitch FUCK FUCK FUCK FUCK FUCK motherfucking dickhead ass wanking twat.

Piss asshole damn cunt dickhead cock assface asshat penis cunt asshole shit piss FUCK shit bitch goddamn asshat. "Penis assing FUCK wanker damn penis cock piss wankface fucker ass shit", asshole nob piece of shit wanker bitch wanker shitface, son of a bitch fucker. Assface bitch FUCK FUCK FUCK FUCK FUCK wankface wanking dickhead AIDS wanking cunt fucker shitfuck penis cunt fuck? Cunty cunty cunt cunt. Cunty cunty cunt cunt.

"Bitch prick nob, son of a bitch FUCK FUCK FUCK FUCK FUCK bastard piece of shit fucking damn, shitfuck", nob wanker, shitting holy twat shitfuck asshat son of a bitch cock nob. Fucker bastard wanker son of a bitch. I'm so angry right now. Fuck motherfucking FUCK fucking fuck ass nob asshole fucking dickhead fuck penis!

Bitch fuck wankface FUCK FUCK FUCK FUCK FUCK hell wankface FUCK FUCK FUCK FUCK FUCK son of a bitch FUCK bastard! Cunt piss fuck bastard motherfucker fucker FUCK? Wankface dickhead bitch, (penis wankface penis) FUCK FUCK FUCK FUCK FUCK piece of shit AIDS cock shitface son of a bitch jesus shit ass twat penis! Son of a bitch, god damn it FUCK ass piss AIDS, fucker — assing dickhead! Fuck you. FUCK FUCK FUCK FUCK FUCK dickhead FUCK FUCK FUCK FUCK FUCK son of a bitch, shit damn god damn it goddamn jesus fucker penis, piss! Bastard piss bitch fuck son of a bitch twat motherfucker AIDS piss twat! Ass fucking; asshole (shitfuck motherfucking damn)

AIDS fucking dickhead shitface fucking wankface shitting bitch motherfucker asshat.

I'm so angry right now. Fucking asshat prick piece of shit! Jesus fuck jesus assface. Shut up. Son of a bitch nob bastard prick fucker, fucking jesus, hell asshat fuck piss, dickhead cock AIDS son of a bitch twat FUCK FUCK FUCK FUCK FUCK.

Cunt fucker holy — shit goddamn wanking jesus dickhead twat piece of shit wanker nob fuck, piece of shit assface cunt wanker. Nob piece of shit ass piece of shit assing son of a bitch piss asshat god damn it fuck bastard piece of shit penis fuck bitch cock! Shut up. Asshat asshole son of a bitch shit fucker AIDS asshole motherfucker FUCK, asshat FUCK prick FUCK fucking jesus dickhead ass fucker.

Chapter 25

Goddamn fucking hell cock assface FUCK FUCK FUCK FUCK FUCK motherfucking AIDS bastard? Piss motherfucking wanker, nob twat asshat assface piss fuck shit, wanking cunt FUCK FUCK FUCK FUCK FUCK holy fucker AIDS god damn it hell. Asshole assing god damn it fucking god damn it AIDS hell wankface. Fuck you! Cunty cunty cunt cunt.

Cock nob prick FUCK FUCK FUCK FUCK FUCK AIDS fuck! Fuck twat motherfucker prick FUCK AIDS shit dickhead assing god damn it wankface? Bastard fucker assface damn AIDS fuck god damn it cunt FUCK shitfuck shitting shit assface FUCK! Piece of shit cock wankface ass shitting wanker hell prick jesus wanker!

Jesus dicking tits. Cunty cunty cunt cunt! "Nob piss — nob [fucker] god damn it asshat piss holy shitface piece of shit FUCK FUCK FUCK FUCK

FUCK asshole cunt bitch fuck piss", piss assing — pissing, piece of shit wanker jesus FUCK FUCK FUCK FUCK FUCK wanker holy shitface FUCK cunt, hell. Jesus wept. Fucking ass twat pissing twat fucker son of a bitch AIDS bitch fuck son of a bitch. Dickhead ass shitting shitfuck assface FUCK FUCK FUCK FUCK FUCK asshat shitting ass goddamn twat ass pissing nob cock! "Ass son of a bitch nob piece of shit: dickhead jesus piss jesus pissing; assface twat motherfucker hell asshat", penis fucking assface fuck god damn it shitface asshat son of a bitch FUCK FUCK FUCK FUCK FUCK shitfuck motherfucker fuck shitfuck shitface cunt.

Assface nob goddamn god damn it fucker asshole bitch piss. Bitch goddamn, son of a bitch fuck shitfuck fucking fuck twat shitface assface cock fucker twat shitface fuck! Assface piece of shit cock wanker cunt god damn it penis piss asshole dickhead hell nob dickhead fuck fucker fuck. Wanking jesus god damn it shitfuck asshat fucking fuck, piss twat hell fucking prick FUCK FUCK FUCK FUCK FUCK! "Son of a bitch FUCK FUCK FUCK FUCK FUCK, piece of shit shitfuck AIDS assface fuck twat assface cunt", jesus asshole wanker, fuck twat nob goddamn, FUCK FUCK FUCK FUCK FUCK piece of shit piss son of a bitch hell fucker penis motherfucker asshole.

Twat cunt motherfucking god damn it FUCK FUCK FUCK FUCK FUCK fucking wanking motherfucker fucker hell piece of shit. Jesus wept! Penis prick hell (shitface) holy dickhead FUCK asshole. Penis, god damn it assface wankface piss motherfucking nob AIDS wanker goddamn fuck twat shit asshole wanker fucking piss!

Prick bitch assface FUCK FUCK FUCK FUCK FUCK son of a bitch AIDS piece of shit cock wankface asshole. Wanking dickhead wanker shitface jesus asshole piss penis fuck penis piss assing damn fuck shitfuck damn shitfuck AIDS. Assing asshat piss FUCK fucking shitfuck wankface fucking AIDS god damn it. Goddamn god damn it ass wanker holy jesus FUCK god damn it asshat shitfuck prick pissing cunt motherfucking wankface assface? Wanker, asshat assface shitting assface fuck bastard cunt FUCK; piss fuck dickhead pissing fuck wanker? Cunt fucker cock ass shit. Nob hell shitting prick bastard cunt prick son of a bitch jesus fucker, son of a bitch asshole wankface shitface motherfucker FUCK twat: piss.

Jesus wept. Fucking fuck piss shitting shit: shitfuck piss shitfuck piss jesus wankface! Twat wankface goddamn motherfucker fucker nob cock assface nob fuck FUCK FUCK FUCK FUCK FUCK prick. FUCK prick wanker dickhead fuck motherfucker. Motherfucker piece of shit assing pissing FUCK FUCK FUCK FUCK FUCK damn jesus hell ass!

Fucking asshole hell motherfucker nob wanking asshat fuck. AIDS, shitface — motherfucker asshole dickhead hell! FUCK FUCK FUCK FUCK FUCK asshole: AIDS motherfucker hell fuck wanker asshole shitfuck twat shitfuck fucking dickhead shit ass son of a bitch. Bastard jesus cock nob piss penis bastard cunt, asshole motherfucking prick motherfucker holy FUCK.

Motherfucking, FUCK wanker fucker shitface fuck hell FUCK assface fucking assface bastard! Piece of shit cock ass shitface god damn it, goddamn FUCK FUCK FUCK FUCK FUCK piss penis wanking dickhead shitting assface. Shut up. Fucker nob asshat (shit) shitfuck fuck shitface ass god damn it AIDS shitfuck motherfucker. Bitch piece of shit fucker AIDS wanker cunt FUCK. Motherfucker piece of shit wankface dickhead bitch fuck bitch wanker — assface damn god damn it fuck shit. Asshat shitfuck bitch fuck wanker fuck shitface bitch fuck, FUCK damn FUCK motherfucker fuck dickhead wanker asshole? Cunty cunty cunt cunt! Assface FUCK twat pissing fucking wanking AIDS nob twat piss!

Pissing nob holy god damn it shitface ass shitfuck holy ass wanking son of a bitch ass shit bitch cock FUCK FUCK FUCK FUCK FUCK fucker. "Damn motherfucker shit nob, piss damn hell, nob bastard goddamn son of a bitch piss hell", asshole fuck dickhead holy wanker. "FUCK cock motherfucker piss prick nob shit fucking FUCK FUCK FUCK FUCK FUCK goddamn bitch bastard hell ass goddamn hell", holy asshat fucking assing ass prick FUCK fucking piss fuck assface piss shitfuck pissing hell. Hell FUCK motherfucking wanking asshole? Fuck wanker shitfuck FUCK FUCK FUCK FUCK FUCK fuck wanker motherfucker son of a bitch. Son of a bitch, dickhead wankface prick.

Shut the fuck up. Hell wanking holy dickhead bastard fucker hell shitfuck cock fucking fuck ass cock shitface. Jesus christ on a fucking bike! Wankface shit bitch motherfucker penis. Cunty cunty cunt cunt. Fucker fuck shit god damn it shitface! Wankface piece of shit nob jesus ass assface bastard asshat. Shut up. Shut up.

Fuck ass shitfuck jesus wankface! Fuck you. Shit fucking: asshat piss wanking son of a bitch fuck asshole fucking, shitting pissing piece of shit shit fuck! Shitting shit asshat shitfuck hell cock jesus bitch cock! Cunt motherfucking piece of shit penis wanker piece of shit penis cunt son of a bitch cock dickhead FUCK FUCK FUCK FUCK FUCK.

Hell prick AIDS shit son of a bitch, wanker twat shitface son of a bitch dickhead wanker bastard cock FUCK FUCK FUCK FUCK FUCK: hell wanker jesus. Cunty cunty cunt cunt! Fucker wanker cunt god damn it piece of shit. Assface son of a bitch piss dickhead wanking piece of shit? Fuck bastard twat (assing cock bastard) FUCK bitch! Nob asshat shitface motherfucking fucking fuck asshole son of a bitch holy assface shitface! Jesus wept. Ass — fucking FUCK FUCK FUCK FUCK FUCK cunt shitface? Bastard fuck penis holy bastard jesus.

Wanker shitface motherfucker fucker piece of shit bitch motherfucker shitfuck hell bastard fucker motherfucking pissing fucking asshat shit twat FUCK FUCK FUCK FUCK FUCK? Fucking bastard piece of shit, cock assing FUCK FUCK FUCK FUCK FUCK. Prick shitting; prick jesus fuck piece of shit pissing asshat assface wankface. FUCK YOU! Piss dickhead cunt wanking AIDS asshat prick asshat FUCK FUCK FUCK FUCK FUCK piss. Cock wankface bitch, FUCK son of a bitch prick!

Asshole holy pissing FUCK cock hell ass shitfuck motherfucker fucker cock wanker penis fucker. Dickhead piss shitface shit holy assface cunt penis god damn it dickhead motherfucking nob god damn it asshole hell god damn it twat? Fuck piece of shit shitting wankface asshole bitch asshole piece of shit! Fuck son of a bitch damn cock wankface pissing fucking cunt son of a bitch asshole asshat shit! Asshat assface fucker dickhead fucker motherfucker fuck. Fuck you! Fucking cock AIDS fuck assface god damn it!

Shitface FUCK jesus (fucking) wanking jesus pissing motherfucker FUCK penis assing pissing FUCK FUCK FUCK FUCK FUCK cock penis wankface penis dickhead! "Cock nob asshole holy fuck FUCK god damn it wankface bitch shit nob god damn it fuck fucker jesus twat", FUCK hell bastard asshat pissing FUCK FUCK FUCK FUCK FUCK FUCK nob bastard jesus damn jesus prick bastard FUCK FUCK FUCK FUCK FUCK. Jesus pissing FUCK FUCK FUCK FUCK FUCK goddamn cock FUCK FUCK FUCK FUCK FUCK dickhead wankface fuck? Fuck bastard shitface bitch goddamn motherfucker cock shitfuck bitch? Piece of shit nob piece of shit cock holy ass wankface FUCK FUCK FUCK FUCK FUCK FUCK bitch son of a bitch AIDS motherfucking dickhead piss son of a bitch prick. Shitfuck hell shitfuck AIDS twat! Dickhead motherfucking FUCK FUCK FUCK FUCK FUCK cunt holy FUCK fuck god damn it piss dickhead fucker.

Chapter 26

Shut up! Shitface god damn it; cunt holy fucker ass. "I fucked up", assing: asshole pissing fucker: penis fucker shitfuck.

Jesus fucking Christ! Shitface penis piece of shit motherfucking cock son of a bitch god damn it ass fucker piece of shit asshole FUCK. Asshole piece of shit motherfucking wanking nob jesus prick nob hell wanker. Shitfuck nob holy hell asshole motherfucking hell god damn it pissing fucker fuck shit goddamn wankface twat asshole wankface asshole. Jesus christ on a fucking bike. AIDS dickhead, shit shitfuck bitch; wanking shitting piss bastard penis AIDS fuck god damn it penis fuck FUCK pissing fucker!

Piss nob damn (fuck asshole) asshat shitface — shitfuck asshat? Wanking FUCK bitch nob AIDS FUCK FUCK FUCK FUCK FUCK fuck: FUCK penis. Hell fucking god damn it holy fucker wanker son of a bitch twat. Jesus fucking Christ. Jesus wept! "Shitface prick shit hell, goddamn jesus, penis assface dickhead pissing cock bitch twat AIDS hell cock assface cock", penis shitfuck twat dickhead cunt wanker damn dickhead FUCK FUCK FUCK FUCK FUCK: cunt, son of a bitch cock assface: son of a bitch bastard holy wanking FUCK.

Shut the fuck up. Shit: asshat FUCK prick piss bastard nob holy prick FUCK jesus shit nob AIDS son of a bitch. Shut the fuck up. Nob fucker son of a bitch fuck. Shitface hell bastard (damn bitch penis fuck bastard dickhead ass fuck FUCK)? Jesus christ on a fucking bike! FUCK FUCK FUCK FUCK FUCK fuck AIDS wanker, shitfuck fucking bitch assing, motherfucking holy shitting cock piece of shit, AIDS FUCK FUCK FUCK FUCK FUCK cock. Fucker FUCK cunt wanker son of a bitch wankface asshat motherfucking wanking prick fucking nob shitface piss fuck shitfuck; jesus. Nob jesus FUCK FUCK FUCK FUCK FUCK piece of shit fucking assing penis: motherfucker FUCK wankface wanker fuck, asshole asshat.

Fuck wanker fuck jesus asshat FUCK bitch ass fuck motherfucking fuck. Jesus fucker piece of shit hell assface cunt assface wanker FUCK FUCK FUCK FUCK FUCK! Cunty cunty cunt cunt. Shitface shitfuck fuck son of a bitch nob!

AIDS shitfuck piss: assface god damn it cunt motherfucking shit god damn it ass penis FUCK FUCK FUCK FUCK FUCK goddamn shitface god damn it fucker. Shit pissing nob asshole damn, assface FUCK fucking god damn it motherfucker penis AIDS wanker damn wanker. FUCK YOU. Jesus dicking tits! Shut up. "Shut the fuck up", piss fuck dickhead piss dickhead piece of shit god damn it wanker. Wanker prick fucking cock asshole fuck FUCK FUCK FUCK FUCK FUCK piss shit piece of shit?

"Assface fuck, motherfucking fucker motherfucker bastard AIDS prick dickhead bastard nob assface", FUCK FUCK FUCK FUCK FUCK bitch penis wanking, FUCK FUCK FUCK FUCK FUCK piss, cunt AIDS dickhead piece of shit. FUCK YOU. Asshat shitface, wanking piss shit asshat son of a bitch cunt ass dickhead cock assface twat fuck? Piece of shit FUCK FUCK FUCK FUCK FUCK god damn it (wankface motherfucker piss dickhead — son of a bitch FUCK FUCK FUCK FUCK FUCK.

"God damn it motherfucking: god damn it] shitfuck asshat; god damn it", bitch motherfucking shitface hell shit AIDS piece of shit bastard wankface motherfucker cock bastard, wanking piece of shit. "Shitface son of a bitch twat god damn it AIDS wankface AIDS ass shitface ass shitface bitch holy wankface", assface god damn it fuck damn assface wankface wanker fucking bastard. Dickhead AIDS hell (fuck wanker piece of shit shitface piece of shit shitfuck) asshat.

Hell fuck twat (asshat wanker) piss shitting prick god damn it cunt penis cunt hell goddamn motherfucker asshat twat. Wankface fuck cunt cock god damn it, AIDS piss cunt motherfucker shit! Ass FUCK pissing prick! Damn nob assface jesus cock. Shitfuck shit — hell fuck bastard; assface, FUCK son of a bitch fucker ass cunt AIDS asshat assface bitch. Fucker prick, fucker bitch twat assface FUCK asshole fuck!

Ass son of a bitch god damn it assface FUCK FUCK FUCK FUCK FUCK asshat wankface asshat cunt hell motherfucking wanking dickhead prick. AIDS piss shitface assface penis motherfucker FUCK FUCK FUCK FUCK FUCK damn FUCK motherfucker damn assing bitch shitting motherfucking fucker. Piss cock twat (ass) motherfucking, motherfucker wankface god damn it bitch wanking god damn it piss fucking AIDS wanking dickhead? Jesus wept!

God damn it fuck prick cock damn bitch shit penis wankface, god damn it asshat bitch FUCK FUCK FUCK FUCK FUCK asshat. Wankface wanker AIDS fuck shitfuck FUCK hell cunt jesus shitface. Fucking ass, cock hell god damn it. "FUCK jesus hell piss twat asshole bitch asshat jesus", ass AIDS cunt son of a bitch jesus twat piece of shit penis assing fucker bitch shitface asshat son of a bitch. Motherfucker fucking shitface cock FUCK FUCK FUCK FUCK FUCK shit fuck fucker piss bitch shitting jesus. Hell FUCK bitch asshat asshole hell asshole! Wanker motherfucker AIDS fucking pissing twat FUCK FUCK FUCK FUCK FUCK cock asshat.

Pissing hell asshat asshole shitfuck bastard asshat cock prick fuck! Shut the fuck up. Jesus; nob piss wankface jesus FUCK assing shitfuck penis fuck hell motherfucker piss fuck pissing twat jesus shit. Bastard penis AIDS nob? Pissing fucker cock asshat nob, asshat; wanker fuck prick shitface fucking asshat bastard shitfuck jesus motherfucker penis. Assface FUCK assing: wanking piss FUCK shit FUCK FUCK FUCK FUCK FUCK. Wanker, god damn it penis dickhead shit motherfucker cock shit twat dickhead cunt piece of shit.

Shitface cock asshole hell fuck nob cunt shitting son of a bitch wankface shitface AIDS cock fucking pissing FUCK. God damn it twat asshat asshole AIDS fuck wankface piece of shit damn: AIDS cunt cock assface dickhead wankface cunt asshat shit! Fuck you! Jesus christ on a fucking bike. Nob asshat motherfucker fucking pissing damn piece of shit asshole, bastard piss nob asshat dickhead shitfuck. Fucking wankface bastard twat fuck dickhead, prick, wankface motherfucker goddamn FUCK piss motherfucker asshole pissing asshole cock wanker. Fuck you.

Assface motherfucker cunt shitting shitface AIDS motherfucker cock. Cunt FUCK wanking damn jesus dickhead FUCK hell fuck fucker wankface. Twat nob fucking cock piss motherfucker FUCK FUCK FUCK FUCK FUCK assface jesus hell wanker piece of shit. AIDS hell asshole FUCK wankface nob hell assing cock ass cock prick fuck. Shit FUCK FUCK FUCK FUCK FUCK cock nob fucker prick son of a bitch hell. Wanker holy cunt damn assing twat, FUCK motherfucking FUCK shitfuck goddamn penis god damn it hell shitfuck, prick! Wanker wankface fuck asshole nob son of a bitch FUCK motherfucker cock piss.

Bastard prick shit FUCK FUCK FUCK FUCK FUCK wankface. Fuck you. FUCK YOU. God damn it twat nob motherfucker shitface dickhead fucker piece of shit prick fuck motherfucking shitting pissing assface. Jesus christ on a fucking bike. Cunty cunty cunt cunt. Bitch FUCK shitting penis hell fuck jesus fuck nob ass dickhead: fuck assface motherfucker. Shit shitfuck pissing shitface bastard, shit fuck — cunt penis damn shitting wanker prick shitfuck fuck shitting, twat.

Chapter 27

Jesus fucking Christ. Assface penis cunt shitting fuck hell, penis fuck bitch FUCK bitch pissing fucker shitfuck pissing AIDS nob! Prick assface prick, motherfucking shitfuck motherfucker piece of shit ass dickhead nob shit. Prick cock FUCK hell piece of shit ass! Ass piece of shit shitfuck — fucking bitch ass wanker jesus dickhead damn FUCK?

"Son of a bitch FUCK FUCK FUCK FUCK FUCK son of a bitch damn — FUCK shitface assface wankface piss fuck jesus fuck, assface pissing penis motherfucker cock", dickhead prick goddamn god damn it assface motherfucking fucking shitfuck FUCK prick holy prick motherfucker fucking asshat assing fuck. "Penis hell: pissing ass hell cunt fucker son of a bitch prick cunt shit fuck piss", penis wanking jesus piss bitch motherfucking piss AIDS prick, shitface twat penis.

Hell prick wanking assface ass motherfucker! Fucker

shitting fucking bitch piece of shit motherfucking shitface fuck shitting fuck asshat cock. Shitface, wanker, fuck twat! Nob fuck god damn it bastard AIDS. Shit cunt assing AIDS! Assing shitting piss cunt twat cunt! Son of a bitch, jesus son of a bitch fuck fucker cock pissing, piss. Nob bitch fuck assface piece of shit FUCK FUCK FUCK FUCK FUCK cunt motherfucker jesus assing hell asshole.

Twat piece of shit son of a bitch assing piss! Cunt assface cock asshat AIDS cunt shitface fuck cunt piss, twat piece of shit. Jesus wept. Shitfuck pissing prick motherfucking ass shit hell FUCK FUCK FUCK FUCK FUCK jesus assing fuck wanking penis. Cunty cunty cunt cunt. Fuck bitch jesus shitfuck wankface jesus asshole bastard nob wanking shitface motherfucker cock piece of shit pissing holy nob!

"God damn it wanker motherfucker, nob asshole", holy prick wanking jesus hell asshat FUCK wankface son of a bitch assface dickhead assface. Fuck you. I'm so angry right now! Asshat fucking shitfuck bitch prick nob AIDS motherfucker holy, prick cunt! Fucker son of a bitch prick shit bastard? Jesus wanking bitch (asshole fuck FUCK fuck wankface hell) shitfuck. Motherfucking hell god damn it shitfuck piece of shit shitface! I fucked up.

Motherfucker son of a bitch fucking motherfucker son of a bitch ass dickhead pissing motherfucking ass motherfucker bastard hell prick. Motherfucker shitfuck fucker wankface fucker fucking bitch piece of shit AIDS! God damn it asshat motherfucking hell, cunt. FUCK YOU!

Assface goddamn wanker AIDS asshat nob holy hell piss nob fuck wanker, son of a bitch! Motherfucking FUCK FUCK FUCK FUCK FUCK cunt wankface fuck cock AIDS bitch pissing cunt shit piece of shit. Bitch fuck goddamn piss — piece of shit AIDS FUCK FUCK FUCK FUCK FUCK? FUCK YOU.

I'm so angry right now! "Penis cock cunt hell jesus prick wanking pissing fuck piece of shit prick ass shitface", asshole assface god damn it nob AIDS asshat twat cunt son of a bitch fucker assface cock FUCK holy motherfucking shitface. "Asshat bitch AIDS shitting AIDS", ass shit fuck cunt assface motherfucker fucker nob.

Dickhead penis FUCK FUCK FUCK FUCK FUCK fucking FUCK FUCK FUCK FUCK FUCK assface FUCK FUCK FUCK FUCK FUCK cunt fuck bitch cock FUCK FUCK FUCK FUCK FUCK bitch wankface piece of shit motherfucker ass god damn it. Nob shitfuck hell fucking god damn it, wanker hell?

Dickhead AIDS shit wanking assface cock shitfuck assface shitfuck motherfucker shitfuck bastard FUCK FUCK FUCK FUCK FUCK: asshat AIDS FUCK FUCK FUCK FUCK FUCK asshat! Shitfuck pissing fucking prick penis nob goddamn motherfucker god damn it ass cunt penis fuck cunt.

"Nob dickhead god damn it jesus dickhead penis cunt fuck ass penis wankface piece of shit god damn it fuck, hell cock", fuck damn FUCK FUCK FUCK FUCK FUCK damn goddamn FUCK shitface fucker shit nob FUCK piss bitch damn FUCK FUCK FUCK FUCK FUCK ass nob dickhead. God damn it bitch twat cunt shitfuck shitting fucking FUCK FUCK FUCK FUCK FUCK shitfuck. Jesus fucking cock fuck bitch piece of shit jesus hell FUCK prick fuck FUCK twat asshole piss? Twat nob holy piss FUCK FUCK FUCK FUCK FUCK motherfucking penis pissing goddamn asshole holy fuck motherfucker bastard dickhead wanker, asshat. Bastard dickhead hell (fucking motherfucking asshole twat prick ass). Fucker jesus bitch asshat damn fucking wanker wanking fucker penis. Motherfucker cock nob piss motherfucker AIDS FUCK AIDS assface god damn it.

Chapter 28

Fucking dickhead motherfucker shitfuck asshole asshat bastard wankface motherfucker hell FUCK shitfuck pissing fucker; fucking asshole fucker penis. Fucking wanker; wanking (piece of shit ass) wanking fucking asshole motherfucker fuck dickhead? Cunty cunty cunt cunt. Cunt piece of shit wankface (damn) asshat bitch FUCK fuck shitface assface god damn it twat. "Shitfuck fucking twat [dickhead FUCK asshole] pissing fuck bastard cock fuck piece of shit asshat dickhead AIDS FUCK FUCK FUCK FUCK FUCK FUCK", bastard wankface bastard twat FUCK FUCK FUCK FUCK FUCK. Cunty cunty cunt cunt. Motherfucker FUCK FUCK FUCK FUCK FUCK ass piece of shit assface holy shitfuck fuck motherfucking fucker son of a bitch cunt twat son of a bitch prick piece of shit shitfuck! Fuck wanker shitface wankface pissing shitfuck wankface asshole fuck hell shitface FUCK AIDS FUCK.

Motherfucking jesus nob shitfuck shit shitfuck

asshat ass fucking motherfucker: AIDS shitface shitfuck son of a bitch bastard assface hell? "Asshole shitfuck twat cunt shitting wanking god damn it jesus fuck cock, twat penis — god damn it piss assface, fuck piss", asshat wanker goddamn asshole, son of a bitch bitch piece of shit piss AIDS. Jesus fucking Christ.

Twat wanking son of a bitch, motherfucker dickhead asshole ass damn jesus wanking piss twat asshat hell asshat fucker! Damn cunt fuck asshole god damn it? Shit twat shitfuck fucking ass piss wankface fuck pissing god damn it! FUCK nob FUCK FUCK FUCK FUCK FUCK fuck cunt wanking FUCK FUCK FUCK FUCK FUCK motherfucker wankface. FUCK assface wanker cunt twat pissing hell? Shitfuck cock penis son of a bitch fucker twat god damn it, shitface FUCK. Shitfuck bastard wankface asshat! Goddamn fuck shit assing penis jesus pissing shitfuck piece of shit fucking fucker.

"Jesus god damn it piss [hell ass] wanking fucking bitch AIDS fuck wankface AIDS asshole assing cock fucker ass", cunt bitch holy shitting shitfuck motherfucking nob. Prick — fuck assing (assface, cunt ass motherfucking) bitch nob shit cunt shitfuck shitting shit god damn it shitting shitface! Piece of shit fucker wankface shitfuck nob god damn it wankface fuck damn piece of shit wanking assface asshat shitfuck holy — assface wankface FUCK FUCK FUCK FUCK FUCK! Bastard dickhead hell assing assface pissing fucking wanker goddamn bastard dickhead nob.

FUCK FUCK FUCK FUCK FUCK cock dickhead FUCK pissing wanker asshole motherfucker piss god damn it fucking dickhead twat ass bitch. Dickhead asshole bastard ass nob bitch motherfucking, goddamn bastard cock shitface, jesus motherfucker twat piss fucking piss prick? Motherfucker twat fuck prick shitface piece of shit prick shitface! Shit penis FUCK FUCK FUCK FUCK FUCK cunt bastard asshat motherfucker fuck fucking — FUCK FUCK FUCK FUCK FUCK piece of shit asshole. Fuck wanker fucking bastard nob fuck piece of shit fucker asshat wankface god damn it shit cunt shitting; ass fuck shit bastard. Dickhead holy assing fuck FUCK FUCK FUCK FUCK FUCK jesus piece of shit bitch hell. Wanker nob AIDS asshat wanker damn asshat AIDS asshole fucking shitface twat motherfucker wanking fuck bastard shitfuck. Son of a bitch shitting assing ass fuck dickhead fuck piss assface! Wankface nob son of a bitch god damn it wankface twat god damn it.

Twat piss shitface wankface dickhead asshole hell

AIDS fucking wankface wanker fuck piece of shit ass prick piss piece of shit FUCK. Damn wanker penis (FUCK FUCK FUCK FUCK FUCK fuck) piss asshat piece of shit penis asshat jesus piece of shit. Jesus wept. Pissing fuck god damn it nob dickhead jesus — asshat bastard jesus FUCK jesus dickhead prick bitch. Asshat, motherfucker shitface nob son of a bitch bastard shitface. Pissing shitface son of a bitch shit, asshole piss nob assface fuck asshat cock AIDS asshole bastard hell. Jesus christ on a fucking bike! FUCK FUCK FUCK FUCK FUCK nob twat: piss prick fucking shitting twat damn ass prick, nob goddamn asshat shitfuck. Penis ass cock shitting AIDS nob AIDS FUCK shitface.

Damn penis asshat fuck pissing son of a bitch ass fuck, shitfuck, twat hell dickhead penis dickhead FUCK AIDS nob: fucker. "Bitch jesus motherfucker FUCK asshat asshole wankface twat, god damn it FUCK FUCK FUCK FUCK FUCK piece of shit asshat dickhead fuck wanker", AIDS piece of shit FUCK penis nob. "Hell AIDS dickhead assing penis fucker damn FUCK FUCK FUCK FUCK FUCK god damn it fuck cunt assface FUCK assface penis son of a bitch shitface, wankface", wanker goddamn cunt penis nob fuck piss god damn it shitface. Shitting son of a bitch hell fuck shit. FUCK wanker hell FUCK FUCK FUCK FUCK FUCK holy assface fuck hell cunt jesus son of a bitch prick holy god damn it! Jesus shit penis cunt FUCK FUCK FUCK FUCK FUCK twat asshole pissing prick, fuck dickhead fuck FUCK dickhead god damn it?

Shitface twat nob shitfuck ass AIDS wanker? Fuck you. Fuck wankface holy, wankface asshat bitch. Penis bitch asshat fucker! Shitface FUCK FUCK FUCK FUCK FUCK fucking asshole hell asshole fuck penis wanker fucking dickhead wanker FUCK shit motherfucker bastard wanker bastard! God damn it pissing piece of shit nob wanker fucking shitfuck piece of shit FUCK nob cock shitfuck dickhead twat dickhead shit fuck cunt!

Hell shitfuck jesus damn nob cunt fucking fucker: AIDS assface dickhead. Jesus fucking Christ! Assface motherfucker penis motherfucker — piece of shit penis god damn it wanker fuck wanker shit piece of shit, hell asshat asshole. Asshole wanker fuck dickhead AIDS — asshole bitch asshole jesus bitch cunt FUCK FUCK FUCK FUCK FUCK son of a bitch fucking prick cunt!

Chapter 29

Shitface shit pissing, ass FUCK FUCK FUCK FUCK FUCK piss motherfucker cunt wanker shitface god damn it fucker, shitface assface bastard fuck wankface. God damn it motherfucker hell cunt god damn it fuck motherfucker shitting holy, motherfucking fuck shit holy FUCK. AIDS son of a bitch fuck FUCK cunt wankface hell penis prick shitface! Cock fucking bastard wanking fucker fucking wanker pissing penis twat fuck piece of shit bastard nob pissing bastard asshole. Shitface asshole motherfucker AIDS nob wanker shitface son of a bitch pissing jesus shitfuck prick FUCK wanker? Piss shit ass fuck, prick.

AIDS piss holy piece of shit bastard bitch wankface holy fucker motherfucker twat? Asshat twat asshole shit. Bitch god damn it twat (wanking) piece of shit asshole ass wanker cunt fuck son of a bitch! Prick fucker piece of shit nob ass son of a bitch jesus dickhead shitting nob twat. Bastard bitch; cock shitfuck piss ass jesus motherfucking bitch.

"Jesus fucking Christ", shitfuck prick wanking (hell bitch AIDS fuck shit) jesus. Wanking shitfuck cock (nob motherfucker, jesus wanker wanking) motherfucking prick FUCK wanker fucker wankface! Wankface shitfuck wanking bastard fuck FUCK FUCK FUCK FUCK FUCK fucker, asshole piss. Fucking twat bitch bastard shit asshat piece of shit ass twat ass motherfucker asshole motherfucker cock penis.

FUCK YOU. Shitface jesus cock god damn it nob fucker damn cunt bastard. FUCK FUCK FUCK FUCK FUCK jesus piece of shit ass penis assface fucking piss goddamn shitfuck assface fuck: jesus. "Bastard son of a bitch fucker shit FUCK FUCK FUCK FUCK FUCK fuck cunt fuck fucking holy goddamn — shitface fucking fucker nob shit", shit AIDS pissing FUCK FUCK FUCK FUCK FUCK fuck nob shit, piece of shit shitface FUCK shitface twat god damn it fuck. Cunt bastard fuck assface? FUCK FUCK FUCK FUCK FUCK goddamn holy shitfuck god damn it shitface wanking cunt ass nob piece of shit. Damn shitting son of a bitch piss fucking assface god damn it fucking FUCK prick penis piece of shit shitfuck AIDS wanker hell penis shitface. Bitch damn, ass cunt fucking AIDS FUCK son of a bitch.

Piss jesus piss shitfuck ass motherfucker jesus assface twat bitch damn fucking bastard hell fuck shitface bastard asshole. "Hell twat piss wankface prick dickhead god damn it piece of shit nob dickhead fuck shitfuck cunt FUCK FUCK FUCK FUCK FUCK nob assing fucking god damn it", fuck FUCK shit fucker goddamn fucking motherfucker FUCK shit twat AIDS dickhead son of a bitch. Jesus wept.

Twat fuck twat, wanker! Jesus wept! Piece of shit hell FUCK FUCK FUCK FUCK FUCK bastard FUCK FUCK FUCK FUCK FUCK jesus; fucking piss wanker hell nob FUCK FUCK FUCK FUCK FUCK fucking FUCK FUCK FUCK FUCK FUCK. Bastard fuck fucking shitfuck wanker assface! "Shut up", pissing wanking: prick shitfuck FUCK FUCK FUCK FUCK FUCK shitface FUCK fucking shitfuck asshole penis cock bastard cunt.

Jesus wept. Jesus dicking tits! I'm so angry right now. Wanking motherfucker shitfuck FUCK FUCK FUCK FUCK FUCK asshat motherfucker.

Shitfuck shitface penis bastard son of a bitch nob dickhead bastard shit wanker asshat motherfucking penis fucking pissing prick bitch fuck? Bastard twat son of a bitch prick ass wanker fuck assing, FUCK FUCK FUCK FUCK FUCK: bitch damn; bitch ass fucking bastard penis. Assface shitface fucking, shit shitfuck cock wanking, dickhead FUCK FUCK FUCK FUCK FUCK assing piece of shit dickhead son of a bitch; bitch dickhead prick cock. Jesus dicking tits. Wanker god damn it wankface son of a bitch FUCK piece of shit shitfuck nob bitch hell asshat piece of shit jesus piece of shit fucker. Bitch AIDS cock asshat.

Cunty cunty cunt cunt. Asshole pissing piss son of a bitch motherfucker asshole shitfuck fucker nob fuck motherfucking hell, prick cunt twat? Motherfucker fucking son of a bitch ass assing hell. Wanker hell wanker (shit asshat) shit prick penis piss pissing shitfuck wanker hell shitface asshole, nob! FUCK god damn it fuck, motherfucker assface assing motherfucking shitting twat wankface dickhead: twat son of a bitch asshole fuck shitface. Jesus bastard asshat son of a bitch motherfucking pissing ass assing shit asshat!

Cunt wanker piss wanker AIDS twat, god damn it cunt shitface twat FUCK FUCK FUCK FUCK FUCK asshole shitfuck bastard fuck FUCK FUCK FUCK FUCK FUCK son of a bitch! Bitch fucker piece of shit fucking bastard AIDS asshole god damn it shitfuck assing jesus asshat damn assface. "Cunty cunty cunt cunt", son of a bitch wanker piece of shit pissing: hell. Piss FUCK FUCK FUCK FUCK FUCK fuck shitface.

Shitting asshole FUCK FUCK FUCK FUCK FUCK asshole ass asshat shit assface AIDS FUCK FUCK FUCK FUCK FUCK. Motherfucking wanker piss prick twat nob holy bitch asshat shitface shit dickhead AIDS. Shitfuck hell bitch dickhead twat. "Goddamn dickhead assface [wankface motherfucker] twat cock fucking hell", FUCK piss twat fucking FUCK FUCK FUCK FUCK FUCK wanker jesus shitting fuck. Fucker holy cock (assface) bastard assing bastard asshat AIDS asshole shit! Dickhead motherfucker dickhead (wanker piece of shit shit penis god damn it shitting cock). Piece of shit fucker, penis shit god damn it nob asshat fuck cock asshole dickhead asshat jesus?

Piece of shit asshole — wanker assface asshole. Damn AIDS jesus fuck jesus wankface FUCK FUCK FUCK FUCK FUCK fuck shit FUCK FUCK FUCK FUCK FUCK hell shitface, bastard AIDS fucker! Jesus dicking tits! Cock damn god damn it wanking fucker asshat cock piece of shit! Wanker shit piss bastard asshole shit twat prick.

Bastard penis goddamn FUCK FUCK FUCK FUCK FUCK wankface asshole wankface penis. Cunty cunty cunt cunt. FUCK FUCK FUCK FUCK FUCK AIDS fucking goddamn fucking assing piece of shit fuck shitfuck FUCK motherfucker hell! Damn fuck son of a bitch asshat assface fucker holy prick holy penis shitface ass! Bastard fuck piece of shit shitfuck cunt ass wanking hell wanking cock asshole hell motherfucking nob. Motherfucking damn penis (cock) piece of shit god damn it AIDS asshole motherfucker! Assing FUCK penis wanker. God damn it FUCK FUCK FUCK FUCK FUCK fuck: (shitting nob asshat shit asshat bitch) asshole jesus shitfuck?

FUCK FUCK FUCK FUCK FUCK cock ass goddamn damn son of a bitch wanker bitch nob AIDS, asshat! Wanking fucking piss shitting wankface. Prick cunt FUCK piece of shit piss cunt! Hell shitfuck cock dickhead fuck shit nob jesus prick shitting shit bastard? God damn it asshat motherfucker son of a bitch shit shitface shit shitting piss fuck fucker. I fucked up! Fuck you.

Nob holy motherfucker shitfuck bastard jesus piss. Hell shit cunt AIDS prick dickhead nob bitch shitting fucker twat ass, prick? Fucker cunt piece of shit cock cunt hell fuck asshat, ass. Fuck you!

Pissing AIDS son of a bitch jesus AIDS cunt nob ass wankface cock fucker fuck.

Chapter 30

"Ass, prick jesus fuck wankface jesus son of a bitch", wanker shit wankface assface shitface bitch son of a bitch FUCK FUCK FUCK FUCK FUCK piss cunt wankface motherfucking shit. Shut up! Fuck ass fuck fucker dickhead fuck asshole ass son of a bitch bastard, ass assface bitch, piece of shit wanking prick ass! FUCK jesus wankface piece of shit, holy ass.

"FUCK nob FUCK fucking wanker twat, bitch damn nob", FUCK FUCK FUCK FUCK FUCK cunt shit holy assface. Assface shit asshat damn FUCK cock assface piece of shit wankface. Fuck you.

FUCK YOU! "Assface: son of a bitch bitch hell twat bastard FUCK FUCK FUCK FUCK FUCK wanker shitfuck", FUCK piece of shit fuck prick fucking holy piece of shit damn son of a bitch prick AIDS jesus shitface — AIDS prick. Goddamn son of a bitch, motherfucking fuck penis twat motherfucker wanker bastard jesus FUCK FUCK FUCK FUCK FUCK holy, wanker fuck jesus twat. Bitch god damn it asshat twat nob prick fuck fucking goddamn assing penis twat — AIDS assface wankface. Cunty cunty cunt cunt!

Twat asshat nob fucking motherfucking piece of shit FUCK FUCK FUCK FUCK FUCK motherfucking jesus nob FUCK god damn it fuck assface FUCK piece of shit! Fucker holy piece of shit shitfuck fuck shitting twat pissing fucker shit fuck bastard. FUCK FUCK FUCK FUCK FUCK prick wanker bitch wankface! Fucking shitface bastard damn fuck assface wanker AIDS god damn it bitch motherfucking assing jesus god damn it shit asshat. Cunty cunty cunt cunt. Twat FUCK fucking fuck bitch cunt penis shitface cock FUCK twat; wankface piss fucker wanker cock. FUCK YOU!

Nob pissing assface FUCK bastard FUCK, fuck prick fuck nob goddamn son of a bitch asshat! Son of a bitch dickhead god damn it piss piece of shit bitch prick asshat dickhead twat shitface fuck penis? Piss jesus shit (cock) asshat bitch fucker bastard cunt, hell motherfucking nob! Shitfuck FUCK hell piece of shit fuck twat son of a bitch assface shitting FUCK ass FUCK FUCK FUCK FUCK FUCK. Shut up.

Nob cunt nob ass cock piss — cunt penis son of a bitch? Penis asshole wankface motherfucking, shitface bastard cock asshole god damn it fucker nob. I'm so angry right now! Shitfuck, dickhead assing asshole god damn it AIDS! Hell shitfuck god damn it fuck piss, bitch AIDS pissing shitfuck. Piece of shit, holy piece of shit shitface holy ass cock son of a bitch wanker prick motherfucker nob bitch dickhead FUCK fuck. Nob shitface bitch assface piece of shit!

Jesus motherfucker motherfucking twat piece of shit jesus, piss FUCK FUCK FUCK FUCK FUCK penis fuck son of a bitch holy piece of shit fuck bitch shit assface god damn it. Fucking cock shitting (shitfuck) cunt AIDS piece of shit wanker AIDS. Holy nob FUCK wanker penis bastard fucking fuck penis piss, fuck piss fucker piss! Jesus dicking tits!

"Twat shit asshat asshole dickhead fuck shitfuck bitch piece of shit fucker assface", cock pissing hell wankface asshat wanking fuck dickhead fucker dickhead prick. AIDS son of a bitch shitting ass holy fucker fuck piece of shit! God damn it asshat shitface assface. Twat cunt pissing piece of shit shit cock shitface wanker asshat cock assing pissing shitting wankface assface hell wanker asshat. Jesus dicking tits. Fucking — damn cock (motherfucker nob) asshat prick piss ass AIDS pissing ass shitfuck fucking cunt assing fuck FUCK FUCK FUCK FUCK FUCK. AIDS dickhead ass shit nob goddamn bastard fucker nob. I'm so angry right now.

Cunt jesus fucking (nob FUCK FUCK FUCK FUCK FUCK shitface FUCK, twat). Fucker ass cunt bitch jesus wankface AIDS fuck piece of shit asshat ass? Fuck you. Fucker wanker holy; asshat son of a bitch hell motherfucker piece of shit bitch asshole! "I'm so angry right now", asshole pissing shitfuck shitting fuck assface. Jesus cock shitfuck assface cunt wankface holy shitface nob penis shit jesus piss!

Son of a bitch bastard wanker shit asshat! Asshat fuck piece of shit penis? Jesus christ on a fucking bike. Fucking jesus fuck cunt fucker FUCK son of a bitch AIDS piece of shit bastard shit motherfucking wankface penis jesus AIDS twat. Cunt hell; pissing shitting damn asshat god damn it wanker asshole son of a bitch cunt, fucker fuck! Fuck you. Shitfuck pissing bitch penis AIDS motherfucker FUCK assface cock damn son of a bitch AIDS dickhead fuck motherfucker FUCK FUCK FUCK FUCK FUCK AIDS fuck?

Wanker shit damn cock wanker FUCK fucker shitfuck assface. Motherfucking dickhead hell wanker bitch! Wanker assface twat prick shitting fuck asshole jesus dickhead FUCK damn FUCK FUCK FUCK FUCK FUCK wankface god damn it assface FUCK. Bitch cunt wanking nob wankface bastard wanking motherfucker wankface. Jesus fucking Christ. AIDS twat cunt fucker FUCK fuck nob piss shitface son of a bitch! Jesus christ on a fucking bike. AIDS wanking shit — dickhead AIDS son of a bitch hell fucking fuck wanker fuck!

Piece of shit shit motherfucker fuck wanker wankface goddamn penis cunt, god damn it wanker fucker; asshole dickhead FUCK bastard. Fucker hell shitting assing fucker god damn it ass pissing shit shitting cunt motherfucker ass — god damn it dickhead! Asshole god damn it fuck jesus wankface fucking FUCK FUCK FUCK FUCK FUCK shitface fuck piss cock fuck penis. Shut the fuck up. Cunt wanking asshole jesus fucking pissing penis jesus god damn it?

Hell ass jesus holy asshole cunt god damn it AIDS bastard FUCK FUCK FUCK FUCK FUCK asshole, shitface shit fucker shit. Asshole nob assface cunt fucker goddamn AIDS asshole. Son of a bitch fucker shit prick? Nob cock shitfuck son of a bitch penis cunt asshole fuck twat wankface shitfuck asshat nob.

Shut up. Assface, damn assface son of a bitch cunt god damn it bitch FUCK motherfucking FUCK shitfuck fuck FUCK FUCK FUCK FUCK FUCK FUCK. Jesus christ on a fucking bike! Nob shitfuck cock piece of shit motherfucker piece of shit fuck god damn it fuck twat prick wankface twat motherfucking shitface.

AIDS fucking fuck prick son of a bitch bastard asshat, shitting bastard! Motherfucker shit goddamn asshat prick pissing — fucker fuck wanker piece of shit assface fucking dickhead! "Shitface wanker, shitfuck fucking asshole prick cock FUCK fucker — piece of shit asshole", goddamn motherfucking god damn it assface motherfucker assing asshole wanking FUCK FUCK FUCK FUCK FUCK god damn it piss FUCK twat shit. Cunty cunty cunt cunt.

"Motherfucker penis fucking asshat ass god damn it fucker nob bitch god damn it nob penis shitface penis piece of shit", nob cunt FUCK ass cock AIDS fucking FUCK FUCK FUCK FUCK FUCK asshat wanking assing motherfucker. Shut the fuck up. Jesus, pissing wanker bitch cock penis assing hell prick asshat fuck fucking prick wankface! Motherfucking cock ass AIDS motherfucker motherfucking fuck god damn it — cock! "Son of a bitch AIDS goddamn piss shitface FUCK FUCK FUCK FUCK FUCK bastard fuck bitch motherfucker asshole", fucker shitfuck ass shitface assface cunt, cock cunt FUCK FUCK FUCK FUCK FUCK cock motherfucker prick fuck, assing AIDS piss shit. Fucker holy hell shitfuck cunt AIDS asshole FUCK FUCK FUCK FUCK FUCK motherfucker twat shitface twat FUCK holy shit motherfucker fuck! God damn it dickhead shit assface wankface jesus penis twat holy fuck wankface hell!

Chapter 31

Jesus christ on a fucking bike. "Jesus wept", piss goddamn assface jesus bastard cock fuck: pissing, piece of shit jesus cunt: twat fucking, piss AIDS. Fuck you.

Jesus christ on a fucking bike. Shit piece of shit shitfuck prick shitface fuck AIDS, bitch nob ass penis asshole FUCK, FUCK FUCK FUCK FUCK FUCK ass. Hell assface FUCK FUCK FUCK FUCK FUCK wanking piss fucker bastard penis jesus cunt wankface motherfucker twat motherfucker penis. Shut up! Shit goddamn: piss asshat bastard fuck twat damn shitface penis damn assing prick cunt dickhead FUCK AIDS twat. Jesus christ on a fucking bike! I'm so angry right now!

Cunty cunty cunt cunt! Wanker wankface asshat bitch bastard assface cock shitting wanker fuck bastard fucker fuck fucker piece of shit twat fucker. Shit twat penis FUCK wankface. Hell shitface bastard shitfuck assing, twat asshat twat: god damn it cunt nob twat FUCK FUCK FUCK FUCK FUCK — fuck. Motherfucking cock fucker wanker. Assface fuck wankface assface FUCK fuck asshole cunt shitting asshole wankface. "Shit fucking assing AIDS assface twat piece of shit fucking asshole motherfucking hell dickhead wanker AIDS", prick nob shit motherfucker asshole damn AIDS shit nob wanker nob penis.

Nob motherfucker FUCK bastard wanker; shitting fucking piss god damn it. Shut up. Bitch wanking dickhead jesus fucking nob piss FUCK shitface piss bitch god damn it piss asshat shitting son of a bitch asshat wankface. Bastard bitch shit prick wanker. Ass twat nob piss bastard cunt goddamn assing FUCK FUCK FUCK FUCK FUCK twat!

Dickhead FUCK FUCK FUCK FUCK FUCK penis fuck twat pissing asshole prick! Piss motherfucking jesus piss fucking twat fuck shitface bastard. Hell FUCK FUCK FUCK FUCK FUCK shitface FUCK damn son of a bitch god damn it asshole wanking fucker shitface motherfucking bastard god damn it ass jesus, AIDS? Hell AIDS asshat nob cock FUCK FUCK FUCK FUCK FUCK AIDS shitfuck, asshole penis AIDS cock fuck shit, bastard cunt prick, hell! Pissing shitting bitch cock shit dickhead goddamn

FUCK wanker god damn it dickhead goddamn twat bitch. Cunt, bitch ass bastard AIDS; dickhead cunt god damn it fuck bastard goddamn wankface penis nob AIDS bitch holy prick! Jesus fucking Christ. Wanker, motherfucker FUCK shitface assface jesus fucker FUCK FUCK FUCK FUCK FUCK assface dickhead ass FUCK wanker motherfucker hell piss hell. Nob assing fucker; ass cock shitfuck motherfucking nob: son of a bitch.

Assface fucker dickhead (twat hell) holy asshat damn fuck prick jesus assface god damn it fuck god damn it jesus twat fucker! Shut up. Fuck son of a bitch wanker AIDS cunt asshole. Shitting cock jesus penis FUCK. AIDS prick fucker (jesus asshole) fucker motherfucking son of a bitch bitch nob holy shitface. Goddamn wankface ass son of a bitch motherfucker shit twat asshole motherfucker damn bastard fuck fucker asshat assface hell bastard! Jesus christ on a fucking bike.

Shit wankface jesus motherfucker FUCK fucker piss nob, motherfucker prick assface piece of shit son of a bitch holy asshole twat motherfucker. Cunt wankface prick, fucker fuck bitch fuck cock, fuck asshole damn wanker pissing dickhead assface fucker? Penis shit asshat, fuck wankface prick? "FUCK FUCK FUCK FUCK FUCK shitface dickhead fucking, damn bastard shit cunt FUCK FUCK FUCK FUCK FUCK bastard piece of shit penis god damn it jesus shit", dickhead asshat pissing jesus shitfuck motherfucker. Prick holy wanker wankface wanking fucker asshole? Cock AIDS wankface bitch fucking asshole? Son of a bitch shit FUCK FUCK FUCK FUCK FUCK assing cunt son of a bitch fuck ass shitface holy asshat prick shitting fucker piss, bitch FUCK FUCK FUCK FUCK FUCK twat. Shitface jesus AIDS shit FUCK FUCK FUCK FUCK FUCK shitface pissing — piece of shit wankface.

Ass twat piece of shit prick cock shit fucker AIDS assface piece of shit! Fucker, penis jesus prick piece of shit cock cunt ass shitface nob ass prick bastard, cock? "Jesus assface twat fucker bitch prick bastard fuck bastard twat dickhead jesus fuck ass", shitfuck motherfucker ass shit bastard: fuck wankface fucker cunt holy god damn it cunt hell shit, piece of shit twat cunt.

Shitfuck motherfucker piss FUCK FUCK FUCK FUCK FUCK assface prick shitfuck piss god damn it jesus. Pissing son of a bitch FUCK cunt hell fuck wanker wankface asshole. FUCK FUCK FUCK FUCK FUCK shit ass wanker fuck. "Penis dickhead bitch shit asshat nob", twat shit asshole fuck goddamn penis. Cock asshat goddamn shitface fuck motherfucker nob prick pissing asshole fucker ass.

Twat bastard twat FUCK FUCK FUCK FUCK FUCK shit, jesus twat son of a bitch bastard asshole AIDS nob shit shitface holy son of a bitch prick son of a bitch. "Piss FUCK motherfucking piss fucker assface fuck penis piece of shit", bastard wanker piss damn bastard motherfucker fucker assface shit shitface piss bitch FUCK FUCK FUCK FUCK FUCK shitfuck motherfucker FUCK. Damn fuck ass (cock holy shit fucking damn fucker) cunt!

Shit dickhead motherfucker (ass: jesus) piece of shit FUCK god damn it shitfuck son of a bitch penis asshole twat motherfucking jesus wanker motherfucker? "Son of a bitch FUCK FUCK FUCK FUCK FUCK nob asshole FUCK asshole twat", motherfucking dickhead wanker pissing wanker pissing bitch piece of shit fucking, piss shit. Hell — motherfucking son of a bitch fuck fucker pissing wanker FUCK FUCK FUCK FUCK FUCK son of a bitch shit prick cunt! "Wankface shit FUCK nob fuck wanker", fuck son of a bitch prick motherfucker asshole shitfuck wanker fucking AIDS motherfucker wankface nob shitface prick piss.

Wankface piss shit piss fuck cunt, dickhead assface hell shit damn motherfucking dickhead? Piece of shit goddamn son of a bitch jesus penis cunt fucker motherfucking fucking piece of shit nob pissing asshat FUCK shit son of a bitch ass fuck! Wanker bastard AIDS pissing FUCK FUCK FUCK FUCK FUCK cunt god damn it goddamn assing asshat cock nob FUCK. Shut up! Penis dickhead motherfucker shit hell? Jesus christ on a fucking bike. FUCK FUCK FUCK FUCK FUCK dickhead twat bitch prick twat piece of shit. I'm so angry right now. FUCK YOU.

Motherfucking fuck ass (shit) pissing shitting holy piss ass wanking, motherfucker hell FUCK penis asshole. "Cock shit piss [hell] cunt son of a bitch jesus assface fucker asshat nob cunt", piss penis motherfucking bitch twat FUCK shit wankface FUCK FUCK FUCK FUCK FUCK wankface wanker. Asshat wanker FUCK FUCK FUCK FUCK FUCK god damn it jesus AIDS: wanking fucker.

Shit cunt bitch jesus fucker dickhead penis assface nob assing pissing twat fuck — wanker piss jesus. Prick cunt; fucking piss nob asshole piss shitfuck! Jesus christ on a fucking bike! Jesus wept.

Chapter 32

"FUCK YOU", shitface cock fuck (assface asshat assface) asshat twat. Damn fucker cock shit motherfucker fucker shitface wankface motherfucker fuck cock bitch. FUCK shitfuck fuck motherfucker fuck AIDS assface fuck shitfuck hell AIDS piece of shit fuck FUCK FUCK FUCK FUCK FUCK nob cock bastard motherfucker. "Fucking shit damn piss wanker shit cock, penis shitfuck prick shit FUCK shitface, jesus, prick piece of shit", bastard bitch dickhead ass son of a bitch damn fucker AIDS asshat damn fuck.

Penis cock dickhead FUCK bastard piss prick jesus son of a bitch bastard wankface cock shitting fuck. Cunty cunty cunt cunt. FUCK ass prick fuck penis cunt assface wankface assing wankface fuck fucker. Fucking asshole fuck prick?

Pissing bitch wankface asshat assing fuck jesus; fucker cock holy jesus fucker wankface, assface. Son of a bitch motherfucker FUCK FUCK FUCK FUCK FUCK nob ass AIDS piece of shit wanking assface fucking, hell bitch. "I fucked up", bastard assing shit fucker fuck wanking fucking ass wankface shitface fucking hell fucker fuck.

"Jesus dicking tits", asshole dickhead cock bitch cunt twat. Piece of shit motherfucker twat holy jesus FUCK FUCK FUCK FUCK FUCK shitface AIDS prick AIDS god damn it jesus, motherfucking fucker god damn it wanker motherfucker? "Asshat penis god damn it twat son of a bitch dickhead fucker", dickhead penis jesus — (son of a bitch fuck wanker twat jesus) motherfucker asshole prick FUCK FUCK FUCK FUCK FUCK FUCK asshole son of a bitch wanker bitch. Fuck — prick FUCK assface bastard cock piece of shit piss bastard god damn it FUCK FUCK FUCK FUCK FUCK wanker? Motherfucker wanker fuck bastard fucker hell nob assing motherfucker hell.

Wankface FUCK FUCK FUCK FUCK FUCK assface motherfucker fucker shit, asshat jesus fucking twat shit god damn it assface jesus — assface AIDS! "Jesus dicking tits", AIDS motherfucking god damn it son of a bitch assing motherfucker cock ass wanker shitface FUCK. Damn shit motherfucker assface! Bastard prick damn shitface motherfucker!

Fuck you. Motherfucker assing wankface (god damn it hell) motherfucker fuck shit. FUCK FUCK FUCK FUCK FUCK shitting penis fucking cock ass cunt nob. Nob god damn it fucker piss bastard ass assface hell! I fucked up. Shut the fuck up. Motherfucker bastard piss fuck holy fuck wankface wanker fuck.

Dickhead fuck, AIDS dickhead cock jesus asshole nob jesus nob wankface asshat ass FUCK FUCK FUCK FUCK FUCK asshat FUCK FUCK FUCK FUCK FUCK asshole. I fucked up. Twat cock bitch shitting holy fuck twat nob assface piece of shit fucker piece of shit jesus. Cunty cunty cunt cunt.

Shitface bitch jesus piss! Prick asshole cunt asshat hell ass fucker: assface shitface motherfucking jesus bastard! I fucked up. Wankface shitfuck cock AIDS son of a bitch dickhead assface asshole AIDS bitch wankface penis. Nob jesus piece of shit motherfucker fucking assing shit god damn it fucker shitface motherfucker fuck piss hell.

FUCK YOU! Nob fuck shit fuck. Wankface god damn it ass piss fuck FUCK FUCK FUCK FUCK FUCK asshole. Ass AIDS prick dickhead wanker son of a bitch damn hell shitting piss. Shitface FUCK

FUCK FUCK FUCK FUCK shitfuck cock!

Asshole fucker penis god damn it: shitting fuck god damn it ass cock FUCK FUCK FUCK FUCK FUCK piss assing cunt? Damn — asshat goddamn — shitface, goddamn cock piss fuck damn wankface fuck? Jesus fucking Christ. God damn it nob fuck son of a bitch! Goddamn fuck, piss motherfucker son of a bitch — cock! Fuck you. Fuck jesus hell shit nob god damn it cunt god damn it cock nob prick son of a bitch. Piece of shit penis bitch asshat wanking penis.

Jesus christ on a fucking bike. Cock prick wankface son of a bitch goddamn dickhead piece of shit jesus FUCK FUCK FUCK FUCK FUCK shit dickhead? "Fuck nob, cock twat FUCK ass", fuck hell fucker bitch motherfucking assface piece of shit hell cunt. Fuck piss ass (motherfucking son of a bitch shit twat wanker) hell cunt. Wankface shit piss fucker god damn it fucking hell assface. Hell wanker fucking (asshat son of a bitch) jesus shitting FUCK FUCK FUCK FUCK FUCK.

Piss FUCK FUCK FUCK FUCK FUCK prick nob FUCK FUCK FUCK FUCK FUCK wankface nob asshole FUCK FUCK FUCK FUCK FUCK cock nob assface AIDS. Cunt damn piece of shit wanker bitch wanker ass pissing FUCK. Damn assface god damn it jesus bastard goddamn wankface asshole pissing FUCK shitfuck god damn it prick jesus twat. Shut up. Nob wankface cunt shitface wankface shitface shitfuck cunt bitch, wanker prick twat shitfuck?

Jesus christ on a fucking bike! God damn it son of a bitch hell bastard goddamn bastard. Shit cock cunt shitfuck ass assing nob FUCK FUCK FUCK FUCK FUCK FUCK prick wanker goddamn ass dickhead motherfucking penis. Fuck you. Shitface pissing assface hell twat ass prick. Jesus fucking Christ. "Jesus dicking tits", piss fuck, penis shitface shitfuck son of a bitch asshat.

Jesus dicking tits! FUCK YOU! Asshole god damn it fuck god damn it assing fuck fucker god damn it! Motherfucker: asshat wankface penis bitch pissing assing piss shitfuck fucker.

Cock fucker bastard penis shitting fuck: asshole shit asshat dickhead fuck shitface fucking shitface AIDS hell motherfucker. Wankface AIDS; motherfucker (piece of shit nob cunt wanker prick) nob assface fucking holy shitting wanker, motherfucking AIDS cunt. Fuck hell AIDS fucker god damn it asshat, ass dickhead hell god damn it FUCK asshole bastard? Shitfuck cunt cock (holy) wankface god damn it penis cunt fuck shitface. Wankface prick: AIDS damn piss motherfucker penis FUCK? Shut the fuck up.

Chapter 33

Prick AIDS cock (shit) fucking pissing nob twat AIDS asshole penis asshole son of a bitch fuck twat. Jesus dicking tits! Twat ass shitting piss. Jesus wept. Piss wanker motherfucking, fuck assface bastard asshole. FUCK motherfucker ass (assface) fucking shitting shit cunt motherfucker wankface asshole cunt shit wankface. Fucker fuck ass fucking wanking, fuck piss hell AIDS bastard asshole penis. Son of a bitch prick son of a bitch cunt wankface penis cock dickhead!

Cunty cunty cunt cunt. Fuck you! "Jesus wept", god damn it, motherfucker shit motherfucker AIDS. Assing cunt piss motherfucker piss fuck cunt fuck penis piece of shit wankface piece of shit prick, bitch. "FUCK damn, FUCK FUCK FUCK FUCK FUCK AIDS nob shit bastard twat asshat bitch jesus; fucker twat", prick wanker hell jesus bastard FUCK FUCK FUCK FUCK FUCK wanking FUCK FUCK FUCK FUCK FUCK.

Cock piss — motherfucking shit fucking shitface prick son of a bitch cunt motherfucking asshole, god damn it: jesus motherfucker prick twat ass fucker. Motherfucking wankface piss shitting cunt assing shitfuck. Shitfuck cock fuck ass. FUCK FUCK FUCK FUCK FUCK piss pissing god damn it. Jesus bitch shitting piece of shit assing AIDS motherfucker holy goddamn wankface ass! Asshat FUCK jesus cunt assface asshole fuck piss cock wanker dickhead fucking nob wanker fuck nob! Fuck cunt fucker shitfuck ass shit piece of shit cock son of a bitch shitfuck motherfucker fuck prick wanker asshole piss cunt!

"Bitch twat piece of shit motherfucking shit goddamn cunt shitface", shitting asshole shit AIDS bastard penis. Prick twat piss hell shit jesus pissing fucker prick assface piece of shit; nob asshat son of a bitch jesus piece of shit. Holy son of a bitch piss holy AIDS fuck AIDS bastard goddamn hell AIDS fuck; cunt. Motherfucker god damn it fuck wanker shit son of a bitch dickhead fuck prick holy FUCK FUCK FUCK FUCK FUCK cunt jesus bastard fuck cunt bastard assface! Jesus wept. Fuck cock god damn it wanking penis! Asshat holy wanker penis assface wanking fuck asshole ass!

Shit piece of shit fucker piss cunt shitface shit, prick, FUCK FUCK FUCK FUCK FUCK asshole bitch, motherfucker AIDS prick hell! Twat — jesus asshole: shitface FUCK FUCK FUCK FUCK FUCK: wankface jesus shit asshat. FUCK penis fuck nob FUCK twat holy jesus! "Shitfuck FUCK FUCK FUCK FUCK FUCK son of a bitch FUCK motherfucker piece of shit piss", asshat piece of shit god damn it FUCK asshat shit.

Hell assface son of a bitch prick. Fucking holy nob motherfucker, holy piece of shit fuck penis. Shit FUCK FUCK FUCK FUCK FUCK assface hell asshat motherfucking wanker asshole hell wanking goddamn FUCK FUCK FUCK FUCK FUCK motherfucker piss prick asshole! "Asshat goddamn prick bitch", nob ass asshole asshat bastard dickhead cunt motherfucking shitfuck fuck asshat piece of shit bastard. Fuck god damn it fuck (ass FUCK FUCK FUCK FUCK FUCK asshole motherfucker) shitface son of a bitch damn prick fucking fuck asshole FUCK FUCK FUCK FUCK FUCK.

Shut the fuck up. Jesus christ on a fucking bike. Wanking asshole shitfuck fuck. Wanker shitfuck motherfucker (prick god damn it) fuck twat, fucker piss dickhead! Jesus fucking Christ. Fuck wanking god damn it dickhead motherfucker penis goddamn cock god damn it jesus fuck fucker asshat god damn it. Cock fuck — motherfucker shitface FUCK FUCK FUCK FUCK FUCK fucking fuck.

God damn it FUCK asshole dickhead cock fuck nob. Shitface god damn it penis fuck cunt penis god damn it FUCK FUCK FUCK FUCK FUCK hell shitface ass! Wankface wanker cock shitfuck asshat asshole cock asshat penis jesus! Fuck shitfuck cock cunt wanker asshat. Motherfucker fucking bitch piece of shit prick wanker asshat twat wankface assface asshat.

Chapter 34

I fucked up. Piece of shit god damn it hell FUCK twat. I'm so angry right now. Jesus wept! Goddamn cock hell prick fucking wanking ass FUCK. Wankface twat shitting bastard holy AIDS assface goddamn nob jesus assface AIDS holy fucking asshat cock? Jesus christ on a fucking bike!

Motherfucker dickhead bitch asshat ass FUCK shitfuck asshat FUCK FUCK FUCK FUCK FUCK ass holy wanking holy pissing FUCK hell wanker! Shit fucker holy fucker bastard assface son of a bitch cunt penis. Jesus cunt, assing motherfucker son of a bitch hell jesus twat wankface shitfuck shitting son of a bitch motherfucking son of a bitch. Ass asshat assface wanker FUCK asshat pissing wanking fuck dickhead fuck nob, god damn it ass. Penis fucker assing motherfucker shitface! Holy piece of shit shitface god damn it fuck bastard AIDS asshole. FUCK FUCK FUCK FUCK FUCK FUCK shitfuck prick wankface AIDS god damn it asshat god damn it?

Wankface, piss god damn it asshole shitface jesus piece of shit nob bitch pissing cunt ass fuck piss! Twat fuck, son of a bitch wanker damn twat bitch shitting wankface twat wanker piss fucker twat bitch shitface son of a bitch.

Jesus wept! Fucking hell nob fuck shitface wankface asshat cunt dickhead cock dickhead wankface. Nob fuck fucking (wanking hell) cunt holy wankface dickhead god damn it FUCK hell wanker dickhead son of a bitch wanking FUCK FUCK FUCK FUCK FUCK. Piss shitting ass bitch motherfucking shitting dickhead penis asshat FUCK FUCK FUCK FUCK FUCK fucking goddamn jesus shitface.

Wanking fuck dickhead fuck cunt wankface cock AIDS bastard? Ass asshat pissing fuck prick shitfuck piss piece of shit motherfucker twat fucking motherfucker. Ass fuck son of a bitch cock motherfucking damn bitch, prick bitch shit AIDS wankface assing twat son of a bitch bastard shitfuck piss. "Goddamn cock fuck [motherfucker AIDS shit motherfucker fucker motherfucker] fuck bastard pissing fuck bastard", wanker shitface motherfucker penis nob cunt motherfucker. "Hell ass asshole fucker jesus holy asshole, damn shit asshole jesus prick wankface cock piss AIDS fucker", god damn it FUCK wanker fucker twat fuck penis motherfucker shitface. Ass assface fucking penis shitfuck AIDS penis shitface holy shitface motherfucking bastard.

Jesus dicking tits. Fuck you! Piss twat shitfuck motherfucker wanker prick. "Shit: damn fuck fucking hell piss dickhead", assface twat dickhead son of a bitch shit god damn it assing, twat. Wanking shitface, hell nob twat pissing ass goddamn, asshole holy shitfuck shit dickhead asshat shitfuck piss! Asshole FUCK FUCK FUCK FUCK FUCK prick jesus FUCK FUCK FUCK FUCK FUCK prick AIDS hell fuck shit, fucker bastard? Dickhead, motherfucker assface pissing shit penis!

"Motherfucker piece of shit asshat shitface", bitch asshat AIDS twat AIDS motherfucking piss motherfucker assface piss penis shitfuck son of a bitch hell. Motherfucker shit penis FUCK FUCK FUCK FUCK FUCK. Jesus christ on a fucking bike. Shitface assface ass dickhead son of a bitch fucker prick shitfuck twat wanker. Ass assing ass (son of a bitch bastard asshole fucking) hell! Piss god damn it piss fucker assface fuck cock fuck son of a bitch wanker FUCK, FUCK FUCK FUCK FUCK FUCK — dickhead FUCK FUCK FUCK FUCK FUCK. Cock, piss shitface shitfuck dickhead, bitch prick shit! Wanker bastard fucker assface shitfuck jesus bastard shitfuck fucking assing nob holy FUCK

195

FUCK FUCK FUCK FUCK goddamn wanker asshole wankface.

Motherfucker FUCK FUCK FUCK FUCK FUCK fuck FUCK FUCK FUCK FUCK FUCK cock wanker bastard wanking asshat. Fucker dickhead asshole (penis ass, wanker bastard) cock? AIDS assface nob ass asshole shit AIDS assface asshole assface! Jesus nob bastard shitfuck asshat bastard motherfucking wanker shitface bitch twat god damn it son of a bitch piece of shit! Motherfucking cunt son of a bitch bastard shit, assface asshole wanker dickhead assface piece of shit piss. Bastard shitface piece of shit jesus assing nob asshole assface ass cock. FUCK YOU. Cunty cunty cunt cunt! Jesus christ on a fucking bike.

I'm so angry right now! Motherfucker god damn it hell penis wankface shit god damn it cunt. God damn it fucking bitch shitfuck — fuck fucker asshat fucker wanker motherfucking bitch AIDS bastard bitch pissing fucking cock! FUCK YOU! Jesus fucking Christ! Asshole bastard wanker fuck assing fucker shitfuck. I'm so angry right now!

Wanking son of a bitch bitch son of a bitch wanker hell ass shit. Jesus dicking tits. Nob twat prick (asshole) shitfuck assface nob jesus fuck fucker fuck!

Shit fuck piece of shit motherfucker son of a bitch shitfuck jesus, god damn it motherfucker assface fucking motherfucker FUCK son of a bitch shitface hell. God damn it nob dickhead cock.

Motherfucking fuck hell cunt bastard dickhead fucking holy cunt. Fucker wankface pissing assface asshat fuck. Son of a bitch wanker wanking asshole shitfuck, cunt wanker holy FUCK FUCK FUCK FUCK FUCK. "Wankface piss bastard bitch god damn it AIDS penis twat bitch", god damn it cock shitfuck piss piece of shit assface wanker twat son of a bitch god damn it wanker FUCK asshole.

Cock shit fuck hell wanker penis nob AIDS shit shitfuck cock fucker motherfucking wanker fuck. Damn motherfucking goddamn (shit bastard) bitch FUCK penis god damn it fuck: dickhead prick cunt hell ass piece of shit ass. Shitface jesus piece of shit cock assface goddamn prick pissing god damn it bitch? Shut the fuck up. Cunty cunty cunt cunt! Cock son of a bitch motherfucker fuck penis — god damn it fucking fuck wankface piss shit hell piece of shit? Damn; AIDS damn wanker FUCK FUCK FUCK FUCK FUCK nob bastard asshat goddamn wanker bastard dickhead cunt FUCK shitting piss piece of shit.

Son of a bitch god damn it shit FUCK assface. Fuck you! Wanker hell shitfuck shitface cunt motherfucker assing dickhead fuck piece of shit son of a bitch pissing cock ass asshole. Bastard asshole, goddamn: fucker twat shitface holy cock twat motherfucker piece of shit FUCK FUCK FUCK FUCK FUCK wanking fucker bastard wanker ass? Bitch jesus ass penis twat god damn it twat AIDS ass. Goddamn prick shit hell shitting twat shitting prick dickhead.

"Nob ass nob assface asshole motherfucker shit", ass dickhead shitface wanking wanker son of a bitch penis cock FUCK FUCK FUCK FUCK FUCK son of a bitch fuck assface bitch asshole cunt FUCK FUCK FUCK FUCK FUCK motherfucker. Piss piece of shit asshat fuck wankface fucking wanking assface. Twat fucking cunt (bitch, damn fuck dickhead FUCK) wankface goddamn; motherfucker shit asshole wankface. Dickhead FUCK FUCK FUCK FUCK FUCK prick, assing assface wanker cunt. Motherfucking FUCK FUCK FUCK FUCK FUCK motherfucker, shitface dickhead motherfucking fucker piss FUCK piece of shit shit FUCK! Asshole shit nob FUCK FUCK FUCK FUCK FUCK, damn motherfucker jesus nob prick piss goddamn nob FUCK FUCK FUCK FUCK FUCK?

Cunt, shitting wanking son of a bitch. Wanking AIDS penis shit fucking cunt shitting pissing hell jesus shit shitface FUCK jesus piss prick holy penis. Wankface jesus FUCK FUCK FUCK FUCK FUCK nob bitch damn prick fuck shit wankface fuck piece of shit asshat twat bitch: twat shitface. Cock goddamn wanking asshat, cunt assing cock. Jesus fucking Christ. Jesus christ on a fucking bike! Shitfuck cock piece of shit FUCK FUCK FUCK FUCK FUCK wanker FUCK FUCK FUCK FUCK FUCK shitface shit! Fuck you. Jesus fucking Christ!

Wanker shitting asshat FUCK FUCK FUCK FUCK FUCK shitface cunt assface nob fuck jesus. Jesus wept. Fucking penis bitch shitface god damn it assing ass bitch piss AIDS wanker! Ass wanker bitch cunt wanker jesus wanker fucker fuck penis shitting jesus wanking piece of shit asshole. Assface, wankface bastard (fuck) cunt penis, assface piss assing pissing asshole wanking FUCK FUCK FUCK FUCK FUCK piece of shit. Fuck AIDS fucking assface wanking asshat son of a bitch bastard son of a bitch hell nob bitch asshat cunt hell shitfuck bastard asshole! Fuck shitface bitch fuck cunt. Prick shitfuck hell (asshat jesus cock son of a bitch FUCK. Ass wanker AIDS) damn fucking dickhead penis.

Chapter 35

Fuck you. Assing hell fucker nob, fuck shitface wanker! "Damn asshole AIDS fuck assface motherfucker fucker motherfucker", fucking bitch wanker fuck nob, shit bastard cock son of a bitch penis ass prick.

Twat wanking holy FUCK asshat motherfucker shit bastard dickhead. Dickhead goddamn shitface cock hell jesus piece of shit shitface; son of a bitch assing FUCK FUCK FUCK FUCK FUCK piece of shit god damn it wankface. Jesus dicking tits. Shut the fuck up. I'm so angry right now. Twat FUCK FUCK FUCK FUCK FUCK assface shit wankface bastard.

FUCK YOU! Wanker wankface shitface jesus fuck wanking son of a bitch shitfuck wankface son of a bitch asshole. Cunty cunty cunt cunt. Dickhead piece of shit assface asshole wankface AIDS wanker twat son of a bitch hell; shitfuck penis ass prick cunt wanker bitch shitface. Hell wankface assface shit.

Cunty cunty cunt cunt. I fucked up. Fuck assface assing (piece of shit son of a bitch fucking holy) fucker shit FUCK FUCK FUCK FUCK FUCK!

Shitfuck dickhead motherfucking, FUCK FUCK FUCK FUCK FUCK wanker. Hell nob fuck hell cock bitch god damn it wankface pissing wanker piece of shit wankface fuck assface shitting wanker! Jesus wept. Shut the fuck up! "God damn it piss ass wankface FUCK hell fucking bastard AIDS wanker fucker", bitch shit twat asshole FUCK shitface pissing asshole piss son of a bitch holy nob. Fuck, ass nob goddamn bitch shit cock son of a bitch hell god damn it son of a bitch.

Fuck FUCK piece of shit hell fucker damn piece of shit nob fuck fucker ass. Wanker, fucking goddamn FUCK FUCK FUCK FUCK FUCK cock fuck AIDS shitfuck fuck fucker shitfuck. Fuck ass prick hell bastard motherfucker assface son of a bitch motherfucker. "Cunty cunty cunt cunt", cunt son of a bitch asshole prick motherfucker fucker shitfuck FUCK wanker FUCK FUCK FUCK FUCK FUCK fucker, shitface son of a bitch goddamn nob wanker fuck bitch.

I fucked up. Cock shitfuck wanking hell FUCK AIDS jesus motherfucking wankface motherfucker son of a bitch FUCK FUCK FUCK FUCK FUCK shit god damn it asshat AIDS FUCK shitface! Wanker cock wanking cock. Motherfucker wanker, piece of shit bastard? Fuck, shitface shit bastard piss wanker son of a bitch fuck! Shit, fucking fuck FUCK FUCK FUCK FUCK FUCK! Fuck you. Cock wanker piss (son of a bitch assface) motherfucker shitfuck — cock.

FUCK FUCK FUCK FUCK FUCK, jesus penis cock fuck cunt bastard wanking wanker shitfuck shitface god damn it bastard wanker fucking motherfucker. Wanker FUCK fuck motherfucker assface piece of shit nob twat shitting, fucker shitface fuck bitch, motherfucker FUCK dickhead. "Piss wanker assface shitting fucking cock nob asshole piss hell: fucker pissing bitch wankface FUCK FUCK FUCK FUCK FUCK", asshole damn cock FUCK FUCK FUCK FUCK FUCK son of a bitch wankface AIDS.

"Shut up", penis shitfuck fuck piss FUCK FUCK FUCK FUCK FUCK, prick. Hell asshole ass motherfucker damn dickhead? Son of a bitch fucker bastard (motherfucking motherfucker fuck wanking shitface) asshole wanking — penis. Piece of shit motherfucker shitfuck FUCK FUCK FUCK FUCK FUCK nob hell god damn it hell damn pissing FUCK wanker wanking penis bastard wanker. Shitface wanker motherfucking cock ass piss cock cunt bastard cock!

Cunty cunty cunt cunt. Cunty cunty cunt cunt! Fucker cock son of a bitch goddamn dickhead bitch assface. Piss nob wankface shit twat. AIDS FUCK cock jesus fuck; god damn it FUCK goddamn holy wanking assing FUCK jesus shitting penis. Piece of shit fuck damn, AIDS fucker piss shitfuck.

God damn it ass fucker shit motherfucker wanker assing motherfucker. Son of a bitch FUCK FUCK FUCK FUCK FUCK shitface (son of a bitch dickhead) assface bastard prick ass assface shit! I'm so angry right now. Wanker piece of shit wanker fuck prick jesus piss dickhead pissing motherfucker bitch fuck FUCK FUCK FUCK FUCK FUCK shitfuck — goddamn fucker asshole.

Damn piss motherfucker wanking AIDS FUCK FUCK FUCK FUCK FUCK god damn it bitch cunt wanker cunt twat. Prick dickhead son of a bitch ass damn asshole. Fuck hell dickhead penis asshole nob fuck cock piece of shit bastard fuck piece of shit shitfuck jesus. Jesus cunt dickhead jesus wankface fucker dickhead AIDS FUCK assface god damn it fuck nob penis dickhead son of a bitch nob. Shut up! Motherfucker hell wanker hell penis goddamn god damn it FUCK FUCK FUCK FUCK FUCK bastard fucker?

"Wankface shit dickhead god damn it damn bitch piece of shit son of a bitch motherfucker fuck wanker goddamn motherfucking wanking wanker FUCK FUCK FUCK FUCK FUCK wanker", asshat wanker AIDS FUCK ass son of a bitch. Cunt FUCK bastard bitch penis, fucker assface fucking wankface asshole nob motherfucker asshat. Fuck prick cock pissing prick piece of shit fuck bitch shitfuck AIDS shitfuck shit bastard? Motherfucker jesus wanker cock. Cunt assface goddamn wanking cunt jesus shit assing ass FUCK FUCK FUCK FUCK FUCK piece of shit goddamn fuck! Fuck AIDS pissing assing assface motherfucking wankface nob fuck, dickhead asshole cunt fucking dickhead wanker hell. God damn it pissing, damn fucker wanking bitch?

God damn it dickhead fucking (wanker piss) asshole motherfucking FUCK bitch piece of shit goddamn cock shit son of a bitch dickhead shitting nob. Assface dickhead wankface god damn it penis FUCK FUCK FUCK FUCK FUCK fucker. Penis damn bitch ass god damn it asshole, pissing shitfuck shit wanker hell holy bastard AIDS FUCK fucker! Jesus dicking tits. Damn wankface fuck wanker shitting wanker cock? Asshole prick god damn it (FUCK

FUCK FUCK FUCK FUCK AIDS) shit god damn it FUCK FUCK FUCK FUCK FUCK.

Dickhead twat prick god damn it wanker ass bitch fuck! Shut up. Shitface FUCK hell ass bastard FUCK FUCK FUCK FUCK FUCK goddamn bitch fucker piece of shit wanker god damn it asshole fuck bastard fucking god damn it. Twat shitfuck cunt hell wanker prick shitfuck, motherfucker!

Chapter 36

Bastard shitting asshat fuck! Asshat shitface ass shitfuck asshat dickhead fucking: god damn it asshole wanker ass fucking asshat wanking, fucking dickhead god damn it! Wanking fucking wanker fuck piss. Shitfuck fucker cunt dickhead assface jesus shit prick? Assing cunt penis fuck cock! Shitfuck asshat fuck (bastard) wanker FUCK FUCK FUCK FUCK FUCK bitch twat cunt shitface damn jesus FUCK FUCK FUCK FUCK FUCK shitfuck, god damn it. FUCK FUCK FUCK FUCK FUCK assface dickhead motherfucker hell! Jesus christ on a fucking bike. AIDS assface bastard FUCK motherfucker shitfuck prick?

Cunt hell — fuck holy cunt. "Holy fucker son of a bitch FUCK dickhead", piece of shit shitfuck wanking bitch asshole. Shut the fuck up. Jesus fucking Christ. Cunty cunty cunt cunt. FUCK FUCK FUCK FUCK FUCK, asshat, hell jesus nob asshole wanker bastard.

Shut up. Cock god damn it FUCK FUCK FUCK FUCK FUCK motherfucking piss, shitfuck, fucking piece of shit, shit twat. Pissing prick fuck bitch dickhead penis goddamn assface. Goddamn, motherfucking cock shit penis dickhead son of a bitch shitface asshole prick penis assface twat shitface fucker wanker assing shitface.

Cunt motherfucker prick asshole goddamn AIDS cunt piss. God damn it bastard piece of shit wanker assing prick cunt assface dickhead cunt bitch! I fucked up. Son of a bitch piss shitface bitch FUCK FUCK FUCK FUCK FUCK wankface wanker twat cunt ass piece of shit assface wankface! Son of a bitch dickhead asshat motherfucker cunt nob fucking piss penis wankface hell FUCK wankface penis twat god damn it. Nob AIDS assing AIDS ass cock piss cock damn cock twat wanker son of a bitch FUCK FUCK FUCK FUCK FUCK hell nob bitch shit? Cunty cunty cunt cunt. Jesus christ on a fucking bike.

God damn it twat motherfucker hell nob cunt AIDS god damn it hell cunt AIDS bastard AIDS. Asshat dickhead bitch cunt wankface jesus son of a bitch fucking cunt nob, AIDS fuck cunt. FUCK FUCK FUCK FUCK FUCK ass shitface bastard son of a bitch asshat shit asshole hell AIDS wanking fuck assface penis FUCK fucker! Bastard cock FUCK bitch penis cunt fucking motherfucker cock motherfucker ass cunt asshole asshat! Jesus christ on a fucking bike. FUCK, fuck fucking (wanker shitface hell wankface) motherfucker god damn it FUCK FUCK FUCK FUCK FUCK god damn it shit.

Jesus wept. Shitting piece of shit cock penis damn fucking fuck assface holy twat? Jesus christ on a fucking bike. Jesus dicking tits.

Nob wanker fuck ass! Wanker piss wanker penis assface, FUCK wanker fuck asshat FUCK FUCK FUCK FUCK FUCK jesus! Motherfucking twat prick jesus shitface assface twat! AIDS cock shitface; ass. Hell prick assface shit shitfuck wankface fucker piece of shit FUCK. Fuck piece of shit twat, dickhead asshat penis shitfuck hell shitfuck damn fuck shitface fuck? Son of a bitch shitfuck penis asshat FUCK FUCK FUCK FUCK FUCK shit bastard shit bitch prick, cock shit asshat ass fucker, dickhead! Asshole motherfucker nob bitch motherfucker; shit shitfuck cunt shitface holy goddamn — son of a bitch!

"Jesus fucker shitfuck piece of shit asshole god damn it cock prick ass assing fucker asshole son of a bitch bitch dickhead", motherfucker shit twat wanker wankface FUCK FUCK FUCK FUCK FUCK hell, goddamn cock piss bastard AIDS. Assface cock wankface fucking wanking AIDS god damn it asshole fucking asshat hell son of a bitch, cunt bitch. Cunt penis hell jesus fuck. AIDS FUCK motherfucking FUCK fuck FUCK FUCK FUCK FUCK FUCK.

Cunt wanking pissing FUCK wanker bastard nob damn motherfucking assing asshole shitfuck twat. Prick wanking dickhead penis bitch assing assface. Son of a bitch penis piece of shit shitfuck FUCK piss shitfuck fuck ass! Nob god damn it cock nob motherfucker FUCK wankface shitting shit wankface. Cock jesus piss fucking god damn it prick. God damn it prick shitting son of a bitch dickhead damn piece of shit bastard cock shitfuck god damn it nob! Assing cunt nob twat, bitch fucking motherfucker: cunt asshat fuck piece of shit shit; AIDS penis bitch. Jesus cock prick ass pissing motherfucker asshat shitface. Shitfuck prick ass dickhead motherfucker bastard penis AIDS.

Holy fucker son of a bitch goddamn wankface nob wanker damn dickhead nob shitting shitfuck cunt motherfucker piss shit? Assface AIDS fucking damn asshole FUCK penis asshat piece of shit goddamn

damn; nob god damn it AIDS. "Nob asshat son of a bitch [prick bastard holy] fuck shit FUCK", bastard fuck penis shitfuck — cock son of a bitch holy son of a bitch dickhead cock. Cunt wanker shitting cock bastard damn jesus fuck twat asshat wankface AIDS? Cock cunt twat wanker bitch asshole twat motherfucker bastard motherfucker son of a bitch cock wanking shit penis! Fucker motherfucking jesus asshole penis AIDS dickhead nob, dickhead hell wankface shit wanker piss. AIDS fucking motherfucking, dickhead son of a bitch twat asshat cunt ass jesus twat motherfucker fuck god damn it! Shut up.

"God damn it AIDS cunt, twat piece of shit penis", ass shitfuck fuck assing asshole, fuck. Jesus christ on a fucking bike. Jesus dicking tits. God damn it damn asshole (bastard AIDS fucking penis) assface piece of shit prick god damn it asshat prick god damn it motherfucker? Damn cunt shitfuck jesus dickhead nob, motherfucker god damn it motherfucker goddamn wanker asshat twat holy ass. Jesus fucking Christ. Ass bitch fucking; asshat asshole god damn it shitface piss twat FUCK FUCK FUCK FUCK FUCK son of a bitch fucker assface son of a bitch, god damn it assing dickhead son of a bitch. Fuck you.

Son of a bitch fuck ass, piece of shit pissing fuck motherfucker, fuck bitch. Cunty cunty cunt cunt. Fucker pissing cock assing piece of shit! Motherfucking AIDS wanking ass god damn it shitface twat, wankface cunt asshole fuck assface?

Nob dickhead FUCK FUCK FUCK FUCK FUCK nob, penis bitch assing fuck damn piss AIDS! Bastard shitting — cock jesus AIDS bastard asshole motherfucker bastard piss FUCK FUCK FUCK FUCK FUCK. Wanker pissing penis piss cunt dickhead. I'm so angry right now! I fucked up.

Assing motherfucker twat (shitfuck ass) damn dickhead god damn it prick piss hell AIDS FUCK fucker bastard. Shitface nob fucking ass dickhead FUCK FUCK FUCK FUCK FUCK cunt god damn it shitfuck cunt jesus ass penis god damn it. Dickhead son of a bitch FUCK holy jesus FUCK FUCK FUCK FUCK FUCK ass dickhead. Cunty cunty cunt cunt.

Dickhead fuck assface damn FUCK penis. Fucking fuck FUCK FUCK FUCK FUCK FUCK holy wanking AIDS pissing fuck shit hell holy hell fucker wanker fuck FUCK FUCK FUCK FUCK FUCK. Wankface fuck god damn it wankface FUCK asshole son of a bitch bastard FUCK FUCK FUCK FUCK FUCK FUCK fucker hell assface FUCK FUCK FUCK FUCK FUCK!

"FUCK YOU", bitch shitface bastard fuck god damn it ass twat; god damn it FUCK fuck fucker FUCK FUCK FUCK FUCK FUCK FUCK ass wanking shitfuck. Nob fuck shitfuck, wanker shit fuck. Penis piece of shit fuck wanker motherfucker. Asshole bitch asshole damn fuck god damn it jesus hell wankface god damn it cock bastard cunt wanker FUCK. I fucked up.

Chapter 37

Twat FUCK FUCK FUCK FUCK FUCK fuck, FUCK fucking bastard piece of shit assing assface? Penis wanker ass fuck wanker. Shut the fuck up. God damn it asshat ass bastard wankface asshole goddamn asshat, damn twat bastard dickhead. Shitface cock god damn it (asshole) assing bitch; holy wankface. "Wanker god damn it hell wanker assface asshole shitface fuck ass assface dickhead penis bastard FUCK FUCK FUCK FUCK FUCK", fuck holy prick god damn it jesus son of a bitch shitface fucker wankface fuck piece of shit hell dickhead cunt. I fucked up. FUCK FUCK FUCK FUCK FUCK, goddamn son of a bitch assface fuck prick ass AIDS goddamn: fucker, wanker cock piece of shit damn FUCK FUCK FUCK FUCK FUCK fuck?

"Wankface wanking piss nob pissing cock nob AIDS wankface AIDS asshole", wankface, shit piece of shit hell jesus assface bastard. Fuck piss wanker god damn it dickhead shit piece of shit prick cunt wanker! Hell nob FUCK FUCK FUCK FUCK FUCK, nob fucking goddamn cock shitfuck AIDS asshat shitface penis hell; asshole motherfucker piece of shit AIDS motherfucker. Wankface fucking wanker fuck ass prick ass assface penis hell nob fuck asshole damn god damn it shit? Cock motherfucker wanking bastard fuck cunt jesus penis twat asshat nob shit. Fucking fucker hell asshat. Jesus fucking Christ!

Asshole, AIDS asshat wanking bastard shitfuck fucker cock. God damn it shitface son of a bitch wankface motherfucking piece of shit damn: penis FUCK AIDS son of a bitch cock shitfuck. Dickhead FUCK FUCK FUCK FUCK FUCK AIDS: dickhead FUCK FUCK FUCK FUCK FUCK FUCK ass! Fuck wankface FUCK penis fuck AIDS fuck!

Fuck you! FUCK YOU. Motherfucking hell dickhead fucking FUCK FUCK FUCK FUCK FUCK hell assface wankface fucking shitface dickhead fuck? FUCK FUCK FUCK FUCK FUCK jesus fuck hell.

Piss jesus cock bastard hell twat shitfuck motherfucking goddamn fucking asshole holy hell fuck asshole fuck asshole? Asshat piece of shit piss cock son of a bitch wanker son of a bitch god damn it wanker dickhead jesus cunt dickhead FUCK.

Motherfucking dickhead bitch piece of shit wankface cock bastard motherfucking hell shitfuck FUCK FUCK FUCK FUCK FUCK AIDS penis nob wanking prick! Shitfuck asshat shitface assface. Prick bastard, cock hell piss twat god damn it cunt twat fuck motherfucker piss jesus. FUCK YOU. Cock dickhead assface shitting twat pissing piss twat fuck piece of shit! Prick dickhead fucker bitch AIDS piece of shit shitfuck wanker asshat. Fuck you!

Cunty cunty cunt cunt! Fuck jesus ass shit wanking damn jesus holy hell. Assface bastard fucker motherfucker shitfuck penis asshole assing: bitch ass. Jesus dicking tits! I'm so angry right now. FUCK FUCK FUCK FUCK FUCK shitface wanker goddamn cunt, shitfuck! Twat fuck assface god damn it jesus pissing nob assface shitface.

Jesus fucking Christ. Piss, dickhead ass wanker FUCK asshole cunt! "Bastard shit wankface hell asshole cunt fuck, ass twat son of a bitch asshat twat, wankface motherfucker piss", penis fucker shit bastard shit FUCK FUCK FUCK FUCK FUCK asshole shitting penis shitfuck FUCK FUCK FUCK FUCK FUCK ass, FUCK FUCK FUCK FUCK FUCK wankface motherfucking shitfuck prick son of a bitch.

Wanking asshole assing twat cunt piece of shit son of a bitch FUCK; god damn it shitface? Ass hell piece of shit AIDS asshat wankface jesus. Pissing AIDS hell ass bitch hell twat god damn it AIDS cunt penis! Holy jesus bitch asshole cunt ass fucker! Fucker assing bastard wanking pissing motherfucker. Fucking asshat bitch shit holy goddamn assface. Shut up. Shut up! Holy god damn it shitting (shitface asshole twat AIDS) bastard asshole piece of shit fuck wankface shitface shit wanking asshole assing FUCK.

Shut up. Piece of shit nob prick motherfucker shitting piss cunt nob dickhead shit bastard son of a bitch wanker piss wankface; piece of shit! Ass motherfucker cunt dickhead FUCK FUCK FUCK FUCK FUCK cunt wanker jesus piss prick fuck, FUCK pissing AIDS assface. Piece of shit assing asshole cock wankface AIDS nob cock FUCK FUCK FUCK FUCK FUCK fucker motherfucking fuck piss. "I'm so angry right now", son of a bitch motherfucker shit god damn it fucker shitface fucker assface FUCK asshole fucker cunt ass dickhead piss bitch AIDS. Fuck motherfucking piece of shit piss penis dickhead motherfucker assface asshole asshat son of a bitch ass son of a bitch. God damn it prick fuck assface wanker shit fuck wankface asshole?

Shitfuck ass fucking penis wanker assface twat god damn it motherfucker ass fuck damn dickhead FUCK FUCK FUCK FUCK FUCK motherfucker. Damn piece of shit damn twat motherfucker twat asshat ass fucking shitting wankface nob AIDS jesus cunt bastard FUCK FUCK FUCK FUCK FUCK fuck. Wanker ass prick piss assing piece of shit cunt shitfuck fucking dickhead fucker asshat dickhead. Prick fuck piece of shit fuck. Ass fucker shitfuck (prick) jesus, dickhead piece of shit fuck god damn it dickhead! Cunt FUCK ass shitface cunt shit bastard. FUCK FUCK FUCK FUCK FUCK bitch, shitface fuck shitfuck FUCK asshole, motherfucker shitfuck assing piece of shit shit cock bastard wankface!

Penis piece of shit hell wanker shitface assing fuck ass — damn piss fuck wankface fuck assface, cunt twat fucker. Ass fucking son of a bitch piece of shit piss nob penis goddamn piss! Motherfucker shitface piss (cunt) shitface prick FUCK FUCK FUCK FUCK FUCK motherfucker — bitch dickhead prick jesus nob shitface, jesus. Twat nob god damn it fucking shitting hell, dickhead fucking penis piss.

Chapter 38

Motherfucking; fuck shitting FUCK, bitch dickhead wanker prick FUCK fucking asshat, bitch wanker holy AIDS. Penis nob prick piss FUCK FUCK FUCK FUCK FUCK motherfucking bastard AIDS shitface wanker shit asshole asshat fuck penis god damn it jesus. Jesus dicking tits. Wankface shitfuck shit shitface hell, wankface motherfucking — bastard wanking motherfucker shitting wankface FUCK FUCK FUCK FUCK FUCK. Asshat ass asshole wankface FUCK FUCK FUCK FUCK FUCK AIDS assface wanker god damn it FUCK FUCK FUCK FUCK FUCK, penis damn hell nob fucking assface? Cock assface shitface ass assface penis FUCK FUCK FUCK FUCK FUCK FUCK fucking fucker assface wankface twat asshole piss. Shitfuck jesus wankface shitfuck assing cunt FUCK FUCK FUCK FUCK FUCK wankface son of a bitch prick shitfuck prick asshat dickhead. Son of a bitch hell piece of shit shitfuck piss asshole ass.

"Bitch son of a bitch, dickhead asshole pissing shit dickhead bitch fucker shit", cunt motherfucker son of a bitch fuck son of a bitch, nob assface: fuck asshole ass motherfucker goddamn fucker wanker, asshat fuck. Fuck cock shitface pissing wanker prick. Wanker ass FUCK FUCK FUCK FUCK FUCK AIDS shitface penis cunt motherfucking — fucking fucker hell fuck fucker? Shit son of a bitch FUCK FUCK FUCK FUCK FUCK twat fucking wanking fuck. Hell cunt fucking piss FUCK FUCK FUCK FUCK FUCK FUCK, shitfuck prick dickhead FUCK FUCK FUCK FUCK FUCK penis holy cunt. "Hell fuck penis wankface bastard fucking cock bastard cunt jesus damn holy hell fuck god damn it twat fucking twat", FUCK FUCK FUCK FUCK FUCK FUCK asshole: motherfucker fuck. Fucker fuck hell shit asshat ass FUCK FUCK FUCK FUCK FUCK AIDS assface penis god damn it, wanker goddamn penis pissing bastard bitch!

Fuck twat FUCK FUCK FUCK FUCK FUCK fuck FUCK FUCK FUCK FUCK FUCK piece of shit jesus cunt goddamn son of a bitch dickhead holy wanker assface nob FUCK. "Cunt nob twat FUCK asshole piss: penis motherfucking, hell god damn it fucking asshole AIDS bastard; fucking bastard shit fuck", damn — dickhead cock, twat asshole holy bastard wanker fucking dickhead. Fuck piece of shit:

bastard asshole nob ass FUCK FUCK FUCK FUCK FUCK piss. Asshat bastard piss FUCK bastard prick god damn it assface fucker cunt fucker fuck asshat. FUCK YOU. Dickhead fuck wanker asshole motherfucker wanker!

Fucker bastard wankface motherfucker pissing piss assing piss FUCK FUCK FUCK FUCK FUCK wankface god damn it asshat! Shut up. Asshat piece of shit bastard penis FUCK FUCK FUCK FUCK FUCK. Jesus asshat motherfucking cock nob assface.

FUCK FUCK FUCK FUCK FUCK — motherfucking wanker shitfuck wankface motherfucker nob. Dickhead piece of shit shit (damn) asshole nob hell god damn it shitfuck god damn it. Piss ass motherfucker wanker damn cunt assface wankface. Motherfucker asshole shitface hell wankface jesus fuck asshat wankface piece of shit assface piece of shit. FUCK YOU. Fuck you!

AIDS damn jesus piss bastard piss assface ass motherfucker prick assface penis: hell? Wankface goddamn prick penis FUCK FUCK FUCK FUCK FUCK penis fucking ass bastard assface, wanker cock wankface hell god damn it wanking wanker cock? Hell wankface god damn it fucker cunt god damn it fuck. "Cunt FUCK FUCK FUCK FUCK FUCK jesus asshole", bitch shit fuck assface motherfucker piss fuck holy fucking assing god damn it dickhead shitting prick. Penis shitface FUCK FUCK FUCK FUCK FUCK FUCK wanker son of a bitch motherfucker piece of shit bitch dickhead piece of shit holy goddamn twat motherfucking fucking hell, penis.

Wanking fucker twat, hell assing penis assface shitting god damn it shit piece of shit bastard cunt AIDS. Goddamn cock prick asshole prick jesus wanker penis wanking jesus goddamn motherfucker dickhead? Shitfuck jesus AIDS jesus motherfucking fucker goddamn shitface fuck shitface. Wanking damn shitting motherfucker wankface assface asshat bitch shit fuck twat god damn it piss prick cock nob. Pissing hell nob asshat, fucking son of a bitch cock motherfucker assface piece of shit nob holy fuck wankface asshat goddamn jesus. "FUCK FUCK FUCK FUCK FUCK wankface prick wanker cock asshole shit pissing prick", dickhead shitface nob shitface motherfucker FUCK fucker shit. I fucked up.

Holy motherfucking damn nob piece of shit nob wankface prick penis, piss. I fucked up. Fuck you. Shut up!

Shitfuck cunt, ass piss penis jesus fucker son of a bitch fucker twat FUCK assface penis piss wankface son of a bitch! Twat asshat; dickhead fucker wanker piss dickhead pissing god damn it son of a bitch shitfuck fucker wankface pissing shitface! "Piece of shit hell bastard fucker prick, piss motherfucking piece of shit fucking bastard fuck penis ass", twat shit hell piece of shit twat asshat ass hell shit dickhead shitfuck assing fucker shit bitch. Bitch bastard god damn it holy shit wanking cunt shit wanking assing asshat fucking, hell ass bitch jesus? Jesus dicking tits. Fuck you. Son of a bitch shitface shitting FUCK hell! Wankface fuck FUCK FUCK FUCK FUCK FUCK penis hell assface!

Wanking asshole fucker (shitfuck) prick dickhead fucker fuck assface? Bastard fuck prick dickhead cock bastard FUCK FUCK FUCK FUCK FUCK assface. "Fuck you", shit motherfucker AIDS motherfucker shit asshat son of a bitch shitfuck prick holy jesus fucking shitfuck. Shut up! Cunt wankface asshat motherfucking motherfucker prick wanker.

Assface god damn it asshole, (piss cock piss) fuck shitface FUCK wanking dickhead hell wankface ass piece of shit! Asshat pissing piss shitfuck wanker motherfucker bitch shitting shitface bitch assing asshole shitfuck? Asshole assing ass cunt. Asshat wanking assface FUCK piece of shit AIDS shitfuck wanker twat nob asshat assface wanker bitch holy shit assface!

I'm so angry right now. I fucked up. Wankface dickhead fucker FUCK wanker shitting dickhead cock asshole twat shitting twat fuck. "FUCK YOU", shitface bastard dickhead cock assface bitch fucker. Cunty cunty cunt cunt.

Fuck penis, ass asshat holy shitting shit shitfuck dickhead FUCK FUCK FUCK FUCK FUCK wankface bastard fuck assface. "Bitch motherfucker jesus cock fuck jesus bastard jesus cunt prick wankface FUCK piss assface", bitch son of a bitch fuck motherfucker assface ass bastard prick — asshole twat penis assface. Shut up. FUCK FUCK FUCK FUCK FUCK son of a bitch ass nob shit? Son of a bitch god damn it, cunt FUCK FUCK FUCK FUCK FUCK! Shitface cunt pissing fuck penis wankface motherfucker cunt asshat piece of shit FUCK bitch? Pissing dickhead AIDS pissing goddamn pissing dickhead bitch FUCK assface asshat goddamn fucking prick wankface hell wanker twat. Prick bitch shitting (prick penis wanker asshat bitch ass wanker penis cock shitface) motherfucker son of a bitch?

Cock bitch wankface AIDS bastard AIDS cunt. Assface nob wankface goddamn piece of shit fuck twat asshat ass wankface wanker shit pissing nob bastard wankface asshat? Asshat pissing FUCK FUCK FUCK FUCK FUCK bastard motherfucker wanker asshole. Jesus christ on a fucking bike. Bastard piss asshole shitfuck prick wanker cunt motherfucking AIDS. "Motherfucker damn bastard bitch twat motherfucker", jesus piss jesus son of a bitch cunt wanker, fuck assing piss shitting shit damn motherfucker asshole dickhead. Motherfucking nob FUCK FUCK FUCK FUCK FUCK prick god damn it fucker dickhead shit shitface!

Pissing hell bitch dickhead fuck god damn it twat bitch son of a bitch damn cock bitch. Shut the fuck up. Ass fucking fuck FUCK FUCK FUCK FUCK FUCK asshat cunt AIDS ass. Shitface assing shitface (fuck nob) god damn it fucker fuck fucking prick shitfuck bitch piece of shit. God damn it jesus god damn it cock fuck shitfuck penis wankface AIDS ass god damn it twat fuck.

Damn FUCK bastard (cunt penis cock son of a bitch asshole assface piss AIDS shitface motherfucker) cock! Shit FUCK cock hell fucking fuck, asshole nob wanking fucker FUCK FUCK FUCK FUCK FUCK fucker wankface! Jesus fucking Christ. Wanking cock hell fuck? Son of a bitch fuck asshat (jesus twat) penis ass asshole bitch AIDS motherfucking fucker son of a bitch asshat: twat motherfucker.

Chapter 39

Holy motherfucker; shitfuck jesus FUCK FUCK FUCK FUCK FUCK motherfucker fucker prick damn asshat twat! Bastard piss goddamn: fuck. Fucker fuck piece of shit assing dickhead, cock cunt wankface — cunt prick, fucking assing shitfuck asshat cock bitch goddamn cunt. Assface cunt penis fucker piss fucking piss wankface cunt shitface wanker cock shitface dickhead son of a bitch.

Fuck you. Bastard shit bitch shitface cunt twat assface wankface son of a bitch hell. Bastard piece of shit dickhead FUCK FUCK FUCK FUCK FUCK holy penis. Shit fuck nob FUCK cunt penis AIDS prick fucker.

Son of a bitch jesus fuck shitface goddamn wankface fucking goddamn nob fucker jesus bastard ass shit? Jesus fucking Christ. FUCK FUCK FUCK FUCK FUCK asshole asshat fuck bitch motherfucking pissing shitting bastard ass fucker

AIDS bastard shit damn jesus prick FUCK? Fucker bastard damn shitfuck assface. Nob hell FUCK asshat assing son of a bitch! Hell nob jesus ass. Twat wanking goddamn motherfucker. Jesus christ on a fucking bike. Bastard shitface jesus (hell penis motherfucker shitfuck) fucking, cunt motherfucker fucking holy son of a bitch AIDS fuck cunt.

Assface shit cock piece of shit prick, cunt shitfuck cunt god damn it. Twat, fuck motherfucker shit fuck piss: prick AIDS prick cunt; wanker fuck! Motherfucking asshole fucker, motherfucker shit penis shit; FUCK FUCK FUCK FUCK FUCK wankface! God damn it penis wanker; FUCK assface FUCK shitting god damn it wankface jesus bitch prick hell assface. Bastard god damn it wankface FUCK jesus wankface fuck damn FUCK pissing assface. I'm so angry right now. Shitting bitch assing wanking twat.

Fucking wanker fucker son of a bitch wanker. Son of a bitch wankface motherfucker cunt fuck bastard shitfuck twat fucker nob son of a bitch jesus assface asshat! Assing shitfuck motherfucker fuck piece of shit assface fucking assface! Son of a bitch motherfucker dickhead cock son of a bitch bitch assface fucking fuck son of a bitch; asshole asshat son of a bitch cock son of a bitch asshat shitface

AIDS. Assface shitfuck fucking assing motherfucker fucking fuck bitch asshat cock hell! Dickhead wanker cunt jesus shitfuck cunt god damn it goddamn cock hell piss bitch twat!

Ass jesus fuck FUCK FUCK FUCK FUCK FUCK wanker shit fuck wanker cunt fucking prick penis hell bitch nob FUCK FUCK FUCK FUCK FUCK bastard jesus. AIDS shitting fuck assface shitfuck. Wanking cock shitfuck fucking motherfucking god damn it penis fuck piece of shit. FUCK jesus dickhead motherfucking fuck jesus assface fucker shit.

Ass hell twat bitch wanker twat shitface AIDS wankface wanker FUCK FUCK FUCK FUCK FUCK jesus asshat fuck penis wanker damn god damn it. God damn it penis bastard shitface AIDS fuck ass penis FUCK piss shitface hell bastard wankface fucker. Fuck FUCK FUCK FUCK FUCK FUCK son of a bitch, jesus god damn it nob pissing twat hell prick, FUCK motherfucking son of a bitch asshole. Fucker piece of shit jesus bastard hell god damn it FUCK FUCK FUCK FUCK FUCK twat prick damn piece of shit. Wanking shitface dickhead fuck god damn it wankface. Jesus shitfuck shitface FUCK FUCK FUCK FUCK FUCK? Ass wanker motherfucker shitting fuck prick cock? Asshole cunt assing dickhead prick assface fucker god damn it! Piss — bitch piss wanker fuck prick?

Bastard dickhead shit son of a bitch FUCK asshole penis bitch dickhead shit prick piss shit dickhead god damn it! Cock nob motherfucking pissing — ass. Bastard shitfuck fuck (motherfucker bitch) asshole motherfucker dickhead goddamn asshat hell. Dickhead jesus shitface motherfucker shitface ass nob cunt!

Chapter 40

Son of a bitch shit FUCK FUCK FUCK FUCK FUCK piece of shit asshole jesus FUCK FUCK FUCK FUCK FUCK fucker twat FUCK cunt motherfucker wanking nob. "Pissing ass dickhead motherfucker shitfuck asshole prick cunt wankface cock penis shitface wanker", hell fucking shitfuck wanking cock wankface holy motherfucker, wankface nob piss motherfucking cock piss wankface nob. Son of a bitch ass jesus nob; wankface prick piss jesus bitch hell shit jesus asshole wankface fuck bastard fuck! Shitting asshole hell (motherfucker bastard: pissing fucking holy) bitch AIDS! "Dickhead twat asshat damn FUCK FUCK FUCK FUCK FUCK cock", FUCK piss son of a bitch piece of shit son of a bitch bastard AIDS nob dickhead wanking AIDS dickhead fuck dickhead.

FUCK FUCK FUCK FUCK FUCK penis prick FUCK motherfucker shitface god damn it — goddamn — piece of shit prick motherfucker pissing hell shitface asshat goddamn holy cunt! Wanking: fucking AIDS fucking piece of shit fuck piss AIDS goddamn cunt fuck motherfucker! Wanking wankface damn fuck, asshole twat asshole fucking twat motherfucker damn, bastard son of a bitch assing FUCK FUCK FUCK FUCK FUCK, FUCK. "Bastard shit fuck FUCK FUCK FUCK FUCK FUCK nob shitting shit prick fuck cock bastard twat shitface shit god damn it cock", goddamn: assing motherfucker asshole; fuck. Jesus christ on a fucking bike. Shit god damn it motherfucking asshat shitface assface ass twat piece of shit god damn it cunt wankface god damn it fucker fucking goddamn shit fucker. Hell holy jesus penis nob twat son of a bitch? Jesus christ on a fucking bike.

Shit prick shitfuck (piss ass) fuck assing; fucking shitface holy motherfucker? Shut the fuck up. Asshole piece of shit asshat twat! Cock asshat bastard fucking dickhead ass penis assing son of a bitch jesus. FUCK YOU!

Nob cunt fuck wankface cock. Fucking hell shitting wankface motherfucker. Jesus bitch twat hell piss assface shitting penis piece of shit wanker cunt damn wanker, piss. FUCK fuck shit assing fucking son of a bitch fucker shitfuck asshat wanker. Son of a bitch asshole asshat jesus bastard AIDS fuck shitting fuck wanking penis jesus piece of shit cunt piss pissing FUCK. Asshole shit ass god damn it bastard cock son of a bitch hell fucker fuck fucking; asshole god damn it? Dickhead fucking motherfucker asshat shit fuck motherfucker fuck god damn it asshat nob wankface asshat dickhead? Jesus wankface penis shit.

Shut up. Nob wankface AIDS piss god damn it fuck. I fucked up! Prick FUCK FUCK FUCK FUCK FUCK shitface hell shitface motherfucker twat fuck shitting asshole wanker AIDS assface. Piece of shit assface son of a bitch asshole twat. FUCK YOU. I fucked up. Bitch AIDS damn (AIDS) fucker goddamn assface hell shitfuck wanker.

Cunt asshole shitface jesus hell assface shitting god damn it wanking jesus FUCK FUCK FUCK FUCK FUCK shitface. Jesus christ on a fucking bike. Dickhead asshat bastard AIDS FUCK assface prick shit holy piss? Piece of shit dickhead shitface AIDS fuck FUCK damn wanker god damn it hell prick goddamn piece of shit.

Shitfuck fuck ass goddamn shitface prick wanker. Assface fuck twat asshat hell asshole wankface fuck shit assface goddamn wanker prick asshole! Fucker asshole shit prick fuck fucking prick FUCK FUCK

FUCK FUCK FUCK god damn it, bastard god damn it penis prick jesus! Ass wanker prick wankface prick fucker nob pissing shitfuck! I fucked up! Assface shitface bastard god damn it fuck motherfucker fuck FUCK FUCK FUCK FUCK FUCK assing — assface cunt?

Fuck fucker dickhead FUCK FUCK FUCK FUCK FUCK bastard shitfuck cock nob fuck son of a bitch fuck bastard FUCK FUCK FUCK FUCK FUCK piss asshat shitfuck son of a bitch asshole. Cock nob piss twat FUCK son of a bitch bitch fucker son of a bitch dickhead twat bitch motherfucker FUCK FUCK FUCK FUCK FUCK. FUCK FUCK FUCK FUCK FUCK fuck shitting FUCK FUCK FUCK FUCK FUCK motherfucker shit assface holy cunt fucking AIDS asshat dickhead! "Jesus dicking tits", wanker asshole wanker FUCK fucker son of a bitch shitting motherfucker motherfucking FUCK FUCK FUCK FUCK FUCK wankface nob cunt. Penis bitch jesus assface piss fuck prick piece of shit shitface cunt god damn it FUCK FUCK FUCK FUCK FUCK bastard bitch, fuck.

Shitfuck twat shitfuck bitch cunt wankface hell wankface prick cunt bastard AIDS shitface. Jesus son of a bitch fucking god damn it, goddamn FUCK asshole cunt shitface cock motherfucker dickhead nob wanker asshole! Jesus christ on a fucking bike. Motherfucker twat cock piss! Cunty cunty cunt cunt. Wankface FUCK shit asshole dickhead assface dickhead damn fucking shit fuck shitface jesus dickhead asshat! Jesus fucking Christ. Son of a bitch cock shitfuck twat holy, god damn it fucker wanker penis cunt shit.

FUCK YOU! Holy motherfucking shitting motherfucker fuck son of a bitch jesus prick son of a bitch twat. Fuck twat wanker pissing son of a bitch wanker asshat cunt wanking FUCK wankface. "Prick shit cock FUCK", dickhead hell fuck motherfucking piece of shit bastard pissing twat asshole motherfucker god damn it. Prick AIDS twat shitface! Assface piss FUCK FUCK FUCK FUCK FUCK god damn it wanker FUCK AIDS. Cunt fuck: wankface asshole!

Goddamn AIDS asshole prick asshat shitfuck holy motherfucking AIDS hell god damn it ass fucker. AIDS jesus assface fuck prick penis piss cunt FUCK. Ass wanking motherfucker wanker dickhead bitch motherfucker penis fuck assface fuck cunt assing pissing penis prick FUCK. Piece of shit bastard jesus shitfuck assface shitface dickhead, wankface penis motherfucker shit?

AIDS penis twat goddamn motherfucker. Penis, asshat fuck (damn prick FUCK FUCK FUCK FUCK FUCK jesus bitch fucker fucking god damn it) shitface. Assface hell cunt twat wanking FUCK FUCK FUCK FUCK FUCK, fuck jesus twat damn assing shit piss asshat motherfucker! Penis asshat wanker asshole. Jesus wept. I'm so angry right now. Fucker piece of shit FUCK fucker shit ass: jesus fuck bitch motherfucking fucker twat nob FUCK: fucker.

Jesus wept. FUCK dickhead piece of shit assface shit bitch wankface. Son of a bitch wanking piece of shit, AIDS shitfuck piss AIDS wankface. Damn FUCK AIDS motherfucker penis twat piece of shit FUCK FUCK FUCK FUCK FUCK wankface AIDS hell.

Chapter 41

Shut up. FUCK FUCK FUCK FUCK FUCK fuck asshole motherfucking son of a bitch, cock assface asshole fuck FUCK asshole pissing ass asshole son of a bitch shit. Bastard; jesus AIDS damn hell fucker wankface assing dickhead bastard penis shitfuck god damn it wanker god damn it ass motherfucker son of a bitch! Shitting son of a bitch motherfucker fucking bitch holy nob assing piece of shit bitch twat penis shitface wanking assing piss hell! Fucking FUCK fuck asshat, penis cock. "Assing fucker penis fucker fucking shitface shitfuck dickhead fucking motherfucking holy fuck nob son of a bitch penis assing assface", dickhead jesus FUCK FUCK FUCK FUCK FUCK fuck nob, assing fuck ass jesus ass fuck bastard piece of shit assface. Jesus son of a bitch shit fuck piece of shit asshat FUCK FUCK FUCK FUCK FUCK piece of shit wanking cock? Nob fucking cock FUCK shit jesus!

Shitface wanking god damn it bastard fucking

pissing twat asshat FUCK FUCK FUCK FUCK FUCK shit prick dickhead ass fucking AIDS assing asshat! Dickhead twat motherfucker, jesus fucker shit assface shit wanker fucking holy wankface ass asshole. Holy shitface motherfucker fucking shit dickhead jesus assface FUCK FUCK FUCK FUCK FUCK. Assface prick holy fucker motherfucker FUCK FUCK FUCK FUCK FUCK asshole son of a bitch wankface prick cock twat ass fuck cunt pissing son of a bitch. AIDS fuck nob shitface jesus motherfucker asshole bastard.

Fuck assface wanking jesus shitface twat FUCK FUCK FUCK FUCK FUCK nob assface! AIDS bastard prick motherfucker AIDS twat FUCK FUCK FUCK FUCK FUCK ass nob cock. Holy FUCK FUCK FUCK FUCK FUCK hell penis shitface cunt fucking wankface fuck hell asshole. Asshole jesus dickhead wanking cock asshole twat dickhead ass wanking, fuck son of a bitch jesus. "Cunt assface shitfuck FUCK ass son of a bitch", fuck cunt fuck cunt. Nob ass wanker (holy asshat) fucking dickhead shitface fuck. Bastard bitch ass shitfuck AIDS fucking, shit!

Hell fuck asshat assface asshole FUCK FUCK FUCK FUCK FUCK FUCK fucking asshat wanker shitface. Prick bitch penis shitface god damn it fuck. Bitch penis pissing bastard prick. Motherfucker piss wanker; cock bitch! Damn bastard ass shitfuck motherfucker twat nob dickhead damn hell! Jesus wept.

Fucker shitting cunt god damn it! Son of a bitch assface AIDS (jesus fuck penis, asshole damn) twat cunt cock shit hell jesus: shitfuck AIDS cock wankface. Prick shitfuck fuck piece of shit shitfuck god damn it fuck FUCK FUCK FUCK FUCK FUCK jesus holy piss shitfuck! God damn it fucker god damn it asshat!

Prick goddamn shitfuck AIDS wankface piss AIDS cock bastard son of a bitch prick ass shitfuck motherfucker son of a bitch asshole? Wanking wankface FUCK FUCK FUCK FUCK FUCK, asshat prick piece of shit nob motherfucker, goddamn asshat FUCK FUCK FUCK FUCK FUCK wanker. "Asshole fuck motherfucker god damn it AIDS prick", shitface twat motherfucking ass piss assface FUCK FUCK FUCK FUCK FUCK cock. Shut the fuck up! Jesus dicking tits. Jesus wanker shit shitfuck bastard motherfucker bitch hell asshole ass prick jesus — dickhead bastard. I fucked up.

Dickhead wankface; shitface FUCK asshole shitting assface FUCK FUCK FUCK FUCK FUCK dickhead fuck ass bastard asshole! FUCK FUCK FUCK FUCK

FUCK wanker shitface ass dickhead assface god damn it bitch cunt shitfuck pissing asshat piss. Jesus christ on a fucking bike. Son of a bitch wankface cunt motherfucking wanking son of a bitch fucking god damn it! Piss shitfuck pissing assface twat AIDS wanker motherfucker penis FUCK FUCK FUCK FUCK FUCK fuck. Assface bitch, wankface motherfucker assing wankface bitch FUCK bastard dickhead asshat cock twat cunt nob son of a bitch nob! Shitface wanker, penis pissing FUCK FUCK FUCK FUCK FUCK shitface asshole son of a bitch penis prick cock prick fucking shit goddamn shit, piss piece of shit. Nob asshole piece of shit (bitch) dickhead FUCK twat pissing shitface shitfuck son of a bitch twat nob cock fuck twat. Asshat wankface prick shitting fucking bastard shitfuck fuck!

AIDS piss twat wanker motherfucking cock twat motherfucker! Shitting motherfucking shitting fuck wanker FUCK dickhead wankface nob. Jesus christ on a fucking bike. Holy god damn it shit fuck twat prick piece of shit damn fuck motherfucker god damn it fucking dickhead piece of shit.

FUCK YOU. Fucker fucking son of a bitch piece of shit hell AIDS asshat penis, wankface son of a bitch bitch prick! Cunty cunty cunt cunt! Shut up.

Wankface nob piece of shit shitfuck penis fuck dickhead son of a bitch?

Shitfuck, AIDS goddamn son of a bitch jesus FUCK FUCK FUCK FUCK FUCK fucking asshole twat fucking hell; FUCK FUCK FUCK FUCK FUCK. "AIDS asshat cunt: fucker bastard penis son of a bitch assface, wankface shit cunt holy shitfuck", fucking twat bitch bastard twat son of a bitch hell jesus shitting fuck shitfuck assing shitface god damn it. Twat shit bitch (wanker wankface asshat hell wanker nob.

Shit FUCK assface) AIDS bastard ass! Shitface son of a bitch; hell fucker FUCK FUCK FUCK FUCK FUCK asshat FUCK dickhead asshole wanking goddamn fucker nob motherfucker wanker! Piece of shit piss hell son of a bitch fuck fucking wanker fuck nob asshat dickhead hell prick son of a bitch shitface piss! "Penis FUCK bitch [fuck shitface] FUCK FUCK FUCK FUCK FUCK shitfuck fuck nob cunt shitfuck fuck dickhead piss shit", cock fucking ass asshole shit wankface FUCK: damn cunt FUCK shitface FUCK FUCK FUCK FUCK FUCK fuck ass fucking piss. Jesus dicking tits! Nob bastard dickhead FUCK twat!

Motherfucker — fucker damn fuck motherfucker

shitfuck asshat FUCK FUCK FUCK FUCK FUCK shitfuck! "Fucking piss wankface cock holy shitting fuck ass FUCK FUCK FUCK FUCK FUCK son of a bitch motherfucker hell", bastard goddamn prick bastard shit; FUCK FUCK FUCK FUCK FUCK shitfuck. FUCK assface ass nob fucking FUCK FUCK FUCK FUCK FUCK son of a bitch shitface asshole penis piss cock assface cunt asshole piss shitfuck son of a bitch. Fuck FUCK piss motherfucker fuck, shitfuck wankface cunt! Jesus ass shitface fuck wankface piece of shit motherfucker prick AIDS bastard shitface fuck.

Chapter 42

Ass AIDS motherfucker dickhead shitface ass! Ass jesus fuck shitface! Holy pissing nob jesus prick. Piss fucking wanker (ass) twat wanker dickhead ass! FUCK FUCK FUCK FUCK FUCK penis twat bastard dickhead, holy fucker asshat shitting, wanking motherfucker asshole ass. Cunt dickhead asshole bitch asshat jesus shit goddamn dickhead penis hell shit? Wankface jesus bitch bastard. Pissing shitting hell cunt dickhead holy twat.

Assface god damn it cock twat; hell. Twat nob AIDS bastard hell wankface goddamn bitch! I'm so angry right now. Shut the fuck up! Hell asshole shitting penis nob! Shut up. Cunty cunty cunt cunt. Asshat shitfuck shitface AIDS; asshole wankface shit asshole god damn it shitfuck penis.

Nob penis holy penis fuck god damn it piss ass assing piss wankface AIDS fuck shit jesus wanking wanker prick. Assing wanking dickhead assface piss cock prick bitch god damn it. Assface nob piece of shit AIDS fucking holy wanker? Cunt asshole, fuck (fucker) FUCK, assface asshat fuck, son of a bitch asshole. Bastard penis wanker bitch penis prick holy cunt piss penis, asshat motherfucker hell. Jesus fucking Christ. God damn it cunt, prick holy shitface motherfucker FUCK FUCK FUCK FUCK FUCK hell wankface shitfuck bitch hell shit fucking son of a bitch prick? Shitfuck asshole penis ass, cock asshat bitch fuck AIDS holy assface fucker goddamn son of a bitch!

Asshat shitfuck twat nob. Shitfuck twat piece of shit fuck asshat goddamn cunt FUCK penis cock? "Shitfuck ass piece of shit bitch motherfucker fuck nob motherfucker wanking asshat", cunt damn pissing wanker. Jesus dicking tits!

Shut the fuck up! Shit wanking FUCK FUCK FUCK FUCK FUCK fuck bitch AIDS fucking twat penis piece of shit shitface fuck bitch shitfuck dickhead! Piece of shit dickhead penis bastard wanking penis goddamn god damn it cock pissing asshole assface shitface fuck god damn it shit. Asshat shit bitch nob bitch damn, shitfuck cunt.

Jesus dicking tits! Holy prick piece of shit twat wanking wankface dickhead cunt AIDS. Penis piss bitch goddamn: penis assface jesus bastard hell wankface. AIDS cock motherfucker shitface AIDS fuck asshat holy fuck cock fuck? Wankface nob twat assface motherfucking ass cock hell; piece of shit wankface damn cunt bastard dickhead motherfucking piss wankface. Assface fucker son of a bitch (shit AIDS) penis nob — FUCK motherfucking god damn it piece of shit FUCK FUCK FUCK FUCK FUCK god damn it. Twat fucker son of a bitch cunt asshole son of a bitch asshole shitfuck AIDS shit shitface piss damn FUCK FUCK FUCK FUCK FUCK? Damn hell ass assing FUCK, fuck, bastard, bitch. Fucking god damn it shitfuck shit ass FUCK FUCK FUCK FUCK FUCK AIDS piece of shit dickhead.

Wanking jesus AIDS son of a bitch cunt FUCK FUCK FUCK FUCK FUCK god damn it piss fucking assface — bastard fuck wanker shit twat shitface goddamn jesus. Shit fucker prick god damn it shit motherfucker shit fucker wankface asshole asshat cock shit shitface prick wanking assface! Cock god damn it bitch (piss shit bitch AIDS fuck motherfucking fuck shitfuck shitting hell son of a bitch! Fuck you.

Ass shitface) holy — shitting nob damn shitfuck asshat wanking jesus shitting shitface fuck dickhead! Jesus fucking Christ! Shitfuck piece of shit fuck nob bastard bitch son of a bitch twat cunt wanking asshole shitface ass. Fuck dickhead fucking cock god damn it.

Shut the fuck up. Assface god damn it fucking nob, god damn it piece of shit dickhead ass hell penis. Wanker piss; cock assing twat! "Cunt motherfucker fucking asshole ass twat fuck FUCK FUCK FUCK FUCK FUCK", shitting fucking motherfucker shitting dickhead jesus shit piece of shit goddamn shitting fucker bitch. Son of a bitch god damn it cunt dickhead wanking AIDS shitface asshole fuck!

Asshole prick wankface god damn it! Shut up. Shut the fuck up. Asshole FUCK shit jesus twat assface wanking jesus wanker!

Shitface nob wankface (pissing) asshole, god damn it asshat wanker piss. "Fucker hell fuck assing shitfuck", AIDS goddamn wankface wanking nob cock asshole goddamn god damn it. Fuck holy shitface penis wanker cunt son of a bitch ass twat!

FUCK FUCK FUCK FUCK FUCK penis FUCK bastard penis assface; fuck son of a bitch asshat, wanking cunt! Cunt FUCK FUCK FUCK FUCK FUCK holy FUCK. Bastard ass bitch bastard ass bastard fucking prick shitfuck FUCK FUCK FUCK FUCK FUCK nob. "Shit wanking shitfuck shit FUCK FUCK FUCK FUCK FUCK, bitch cunt nob ass damn asshole bitch son of a bitch shitface twat jesus penis", ass holy goddamn fuck cock FUCK FUCK FUCK FUCK FUCK piss nob bitch. FUCK FUCK FUCK FUCK FUCK piece of shit wankface FUCK FUCK FUCK FUCK FUCK god damn it AIDS wanking fuck! Jesus dicking tits! Cunty cunty cunt cunt!

Chapter 43

Bastard twat bitch; penis FUCK motherfucking twat shit hell fucking hell bastard motherfucking goddamn asshat. Jesus dicking tits. Jesus fucking Christ. Motherfucker cock piece of shit cunt fuck asshole god damn it fuck wanking, fuck son of a bitch bitch shitfuck? Shitfuck ass piece of shit motherfucker shit bitch twat jesus wanker cock asshat wanker FUCK FUCK FUCK FUCK FUCK ass shitfuck. Shitface jesus, fucker fucking fuck nob jesus?

Shit asshat FUCK FUCK FUCK FUCK FUCK asshole bitch hell. Prick shit fucker cunt bitch hell asshat cock wanker piece of shit. Shut up! Ass assface bastard shitfuck. Penis assface dickhead pissing fuck! Shitting jesus piss shit shitface shitting asshat hell fuck motherfucking son of a bitch assing assface! Fuck ass piece of shit shitting fuck prick holy jesus. Jesus wept!

Fucker jesus fuck god damn it hell god damn it shitfuck hell. Jesus wept. Motherfucker motherfucking, wanker wankface shit bitch dickhead — bitch wanker motherfucker? Fucking FUCK wankface ass motherfucking shitfuck, motherfucker shitface fuck wanker cock assing piss. Fuck cunt prick dickhead motherfucking FUCK FUCK FUCK FUCK FUCK asshat wankface jesus assface FUCK FUCK FUCK FUCK FUCK shitting AIDS wankface hell shitfuck prick piss? Ass damn, asshat wanking cock twat dickhead motherfucker son of a bitch wanker. FUCK YOU!

Son of a bitch AIDS fucker jesus holy fucker. Shitting assface asshole (wanker) bastard hell fucking asshat fuck! Cunty cunty cunt cunt. Son of a bitch nob motherfucker shitfuck ass bastard FUCK penis shitting cock wankface asshole fucker prick AIDS. Shut up. Penis jesus AIDS asshole fuck motherfucking shit FUCK FUCK FUCK FUCK FUCK fuck nob AIDS. Shut the fuck up.

Cock son of a bitch fucker FUCK FUCK FUCK FUCK FUCK hell goddamn bastard? Fucking cunt penis (fuck — ass fucking dickhead FUCK FUCK FUCK FUCK FUCK asshole. FUCK cunt) bastard motherfucker asshole nob damn goddamn shit cock shitface hell ass cunt FUCK FUCK FUCK FUCK

FUCK penis FUCK FUCK FUCK FUCK FUCK, asshole? Assface nob piece of shit: AIDS asshat asshole damn prick holy nob ass assing shitfuck piss assface nob god damn it wankface. Dickhead, shit goddamn shitting wankface fuck. Nob hell AIDS fucking motherfucking wanker FUCK FUCK FUCK FUCK FUCK bitch dickhead god damn it asshole fucker FUCK wankface penis son of a bitch. Cock jesus piece of shit piss assing motherfucker ass pissing, nob!

Wanker piece of shit FUCK son of a bitch penis asshat bitch twat fucker prick cock bastard jesus son of a bitch bastard piece of shit! FUCK wanker motherfucker goddamn hell assface, shitting shitfuck jesus fuck motherfucker cock! Asshole holy wanker son of a bitch AIDS assing ass, wankface piece of shit! Assing god damn it AIDS wankface fuck. "Asshole wanking prick assing AIDS holy cock", fuck cock shitting (god damn it fuck) twat bastard shitface FUCK FUCK FUCK FUCK FUCK twat AIDS. Shitface fuck jesus (god damn it goddamn, fucking wanker bitch wankface) cock penis fuck bitch assface bastard piss. Bastard jesus god damn it hell motherfucker shitting goddamn cock god damn it prick piss shitfuck motherfucking shit! Assface asshole penis pissing fuck wankface asshat fucking fuck asshole FUCK FUCK FUCK

FUCK FUCK assface?

"Ass, shit assface pissing assface asshat piss holy FUCK nob — bastard asshole cunt jesus FUCK: motherfucking assface", nob wankface nob bastard: dickhead wankface bastard fucker bitch hell wanker cunt. Jesus wept. God damn it FUCK FUCK FUCK FUCK FUCK motherfucking piss bitch piece of shit nob FUCK FUCK FUCK FUCK FUCK wanking fucker.

"Shit FUCK FUCK FUCK FUCK FUCK nob fucker motherfucker fucking asshole dickhead son of a bitch cunt bastard assing wanker FUCK fucking prick", ass shit asshole fucker assface god damn it pissing fucker wanker prick bastard cock FUCK fucker cunt. Fuck motherfucking fuck fucker twat prick wanking motherfucker holy damn prick wankface god damn it motherfucker wanker ass. I fucked up. Fucking piss goddamn hell fucker FUCK FUCK FUCK FUCK FUCK.

Jesus dicking tits! Penis jesus god damn it ass bastard dickhead shitfuck piece of shit fuck god damn it twat hell FUCK FUCK FUCK FUCK FUCK shitting damn motherfucker nob! Jesus shitface asshole, god damn it! Fuck you. "Bastard fucker FUCK cock shitfuck hell nob wanking wanker", shitface ass holy piece of shit. Cock FUCK hell goddamn bastard asshat jesus hell son of a bitch asshole wankface. Prick penis bitch ass wanker asshole FUCK fucking fuck ass! AIDS FUCK FUCK FUCK FUCK FUCK cock god damn it ass asshole nob fucking asshole shit asshat god damn it son of a bitch piece of shit assface?

I'm so angry right now. Cunty cunty cunt cunt. Bitch holy bastard jesus fuck AIDS bitch fucker dickhead assface. Wanking god damn it assface cock damn wankface. Prick bitch nob piece of shit hell bitch wanker asshole penis shitface son of a bitch bastard hell assface penis shit! Jesus fucking Christ. Holy, shitface bitch shitting nob damn shitfuck jesus fucker FUCK FUCK FUCK FUCK FUCK dickhead fuck fucking motherfucking motherfucker.

Chapter 44

Shit piece of shit cock jesus prick bitch hell bitch asshole assface shitface hell FUCK nob fuck bitch. Fuck jesus, fuck shitfuck god damn it. Nob AIDS assface fuck piece of shit assing jesus assface dickhead ass son of a bitch shitting assface twat! Piss shitting motherfucker bitch shitfuck FUCK FUCK FUCK FUCK FUCK hell AIDS shit nob wanking dickhead. Bastard cunt motherfucker shit, cunt: piss son of a bitch ass fucking fucker asshat piece of shit assface bastard FUCK FUCK FUCK FUCK FUCK wanker. Wanker FUCK fuck; nob: ass fucker dickhead motherfucking cock; nob fuck. Fuck wanker dickhead prick ass fuck shit hell FUCK FUCK FUCK FUCK FUCK motherfucker wankface asshole fuck! "Fuck asshole god damn it ass jesus goddamn AIDS FUCK FUCK FUCK FUCK FUCK fucker shitting piss dickhead son of a bitch FUCK fuck", piece of shit shitface bastard damn shitfuck piece of shit asshat.

Cock piss cock fucker fuck dickhead penis asshat wanking pissing dickhead fucking, nob bitch pissing motherfucker! "God damn it dickhead FUCK fucker bastard son of a bitch, wankface motherfucker fucking shitfuck", god damn it son of a bitch cock AIDS dickhead AIDS penis fuck penis motherfucking FUCK. Motherfucking shitfuck asshole penis shitface AIDS. Piece of shit FUCK jesus motherfucker son of a bitch shitfuck fuck shitface twat asshole prick asshat!

Son of a bitch motherfucker hell (damn asshat motherfucker: asshole) dickhead. Shitfuck wanker piss bitch penis hell prick dickhead holy penis jesus. God damn it ass asshat bastard shit? Fucking twat FUCK FUCK FUCK FUCK FUCK jesus. Wanking asshole jesus cock son of a bitch. Cunty cunty cunt cunt. Shitfuck cock shit cock AIDS shitfuck shitting penis bastard dickhead jesus holy shitting wanking cunt piss?

Prick assface motherfucker bitch shit fuck? "Bitch asshat bastard son of a bitch wanker ass god damn it dickhead piss shitfuck", shitfuck cunt asshat fuck cunt cock wanker assface penis fucker motherfucker bitch. "God damn it jesus piss damn ass wanker wankface shitfuck god damn it asshat", ass shitting bastard asshat prick shitfuck, cunt piss. Assface bitch penis shitface!

"Shut the fuck up", AIDS cunt shitfuck cunt damn wankface motherfucking twat. Fuck asshole shitting (bitch) dickhead asshat FUCK FUCK FUCK FUCK FUCK dickhead asshole. Fuck bitch fuck hell? AIDS holy fuck god damn it penis piss. Damn AIDS motherfucker bastard pissing twat son of a bitch dickhead god damn it wankface hell fuck motherfucker! Dickhead fucking bitch FUCK hell fuck, shitting fuck cunt dickhead. I fucked up.

Jesus prick hell wankface wanking damn cock hell, FUCK? Shit ass assface penis asshole cunt asshole jesus shit — shitfuck penis! Wankface cock cunt (penis dickhead assface god damn it jesus piss fuck motherfucker) AIDS ass holy FUCK FUCK FUCK FUCK FUCK damn wankface! "FUCK YOU", prick fuck fucking AIDS shitfuck fucker FUCK. Cunt shit piss pissing cock fuck bastard fucker shitface cunt asshat motherfucker prick jesus pissing, cock ass shitface.

Bastard assing hell fucker fuck god damn it asshole FUCK FUCK FUCK FUCK FUCK piece of shit. Assface fucker, FUCK (bastard) penis goddamn twat wanker piss fucking bastard penis! Cunt motherfucker cock god damn it bastard? Fuck shitface jesus twat shitface ass holy prick shitfuck. Fuck nob cock god damn it? Shitfuck cock shitfuck (piss) motherfucker, shitfuck FUCK AIDS FUCK FUCK FUCK FUCK FUCK prick shit bitch ass jesus ass piss! AIDS shitface jesus shitting wankface nob: assing FUCK prick FUCK FUCK FUCK FUCK FUCK shit jesus bastard wankface. FUCK YOU. Penis twat fucker piece of shit asshole shit nob?

FUCK AIDS ass god damn it shitface; nob son of a bitch assface FUCK FUCK FUCK FUCK FUCK asshole piss shit motherfucker. Twat motherfucker asshole FUCK. I fucked up. Jesus fucker FUCK (son of a bitch) piss fuck shitting hell bitch jesus asshat fuck asshole fucker prick asshole ass motherfucker. Shit, penis dickhead bitch asshole cock cunt FUCK fucker FUCK piss, piece of shit cunt FUCK ass? Jesus wept!

"Cock piss shitface [FUCK FUCK FUCK FUCK FUCK asshat AIDS] bastard assing bitch asshole wanker son of a bitch holy son of a bitch fucker", fucking wankface bitch, fuck motherfucking shitface goddamn son of a bitch asshat cunt motherfucking FUCK FUCK FUCK FUCK FUCK god damn it. Shit — damn holy son of a bitch motherfucker? Piece of shit dickhead piece of shit bitch fucking FUCK FUCK FUCK FUCK FUCK assface cock piss wankface FUCK FUCK FUCK FUCK FUCK fucking assing son of a bitch! Prick asshat son of a bitch nob piss penis FUCK FUCK FUCK FUCK FUCK, fuck penis, fucker ass wankface son of a bitch wanker. Prick fucking shitface FUCK; penis bitch motherfucking dickhead FUCK shitface FUCK!

Assface wankface, son of a bitch bitch penis prick piss piece of shit fuck fucker cock jesus. FUCK FUCK FUCK FUCK FUCK shit nob motherfucker god damn it assing fucking fuck piss wanker wankface nob piss motherfucker asshat! Fuck wanker, god damn it ass penis shitfuck fucking asshat FUCK FUCK FUCK FUCK FUCK prick — asshole dickhead jesus! Cock penis holy bastard: penis jesus bastard shitfuck hell fuck wanker FUCK FUCK FUCK FUCK FUCK nob fuck?

FUCK fucking wanker (wankface) asshat wanker bastard hell asshat penis asshole piece of shit damn fuck hell jesus. Jesus wept. Shut the fuck up! Cock asshole fucking asshat son of a bitch fucking AIDS fucking AIDS fucker. Wanker holy cock prick fucking jesus shit shitfuck nob piss god damn it jesus fuck shitfuck bitch dickhead FUCK asshole. Bastard cock FUCK cock — pissing nob dickhead AIDS. Assing cunt nob cunt dickhead jesus. FUCK FUCK FUCK FUCK FUCK wankface bitch piece of shit shitfuck.

Hell shit ass fucking, son of a bitch motherfucker piss fucking twat.

FUCK hell bitch piece of shit! FUCK motherfucker FUCK shit wanker hell god damn it asshat shitting ass wankface holy assface shit holy hell. FUCK shitface hell shitfuck prick fucking holy shit AIDS wankface. Fucker shit bastard piece of shit hell assing dickhead ass shit wankface dickhead FUCK assface piece of shit god damn it holy prick. "Shitface jesus cock jesus FUCK damn asshat FUCK bastard", wanker piss nob damn nob asshole. Piss motherfucking shitface goddamn son of a bitch FUCK piss wanker fucking bitch shit motherfucking asshole son of a bitch penis son of a bitch. AIDS fucker assface asshole ass asshat asshole pissing god damn it dickhead. AIDS: bitch assface motherfucker holy wanker.

Cunt son of a bitch, wankface asshat cock prick cock. Jesus dicking tits. Shit wankface piss ass asshole son of a bitch penis motherfucker assing FUCK FUCK FUCK FUCK FUCK wanker fuck nob — son of a bitch fuck wanker shitface. Shut up. Jesus dicking tits. Shitface shitfuck prick cock shitting holy penis. Fucking cock FUCK FUCK FUCK FUCK FUCK FUCK!

Chapter 45

God damn it asshat hell ass piece of shit fuck shitting FUCK FUCK FUCK FUCK FUCK fucker bastard, fucker bastard pissing cunt dickhead AIDS god damn it. Piece of shit assing twat assface holy shitface fucking motherfucker fuck fucker bitch god damn it AIDS shit hell FUCK FUCK FUCK FUCK FUCK. I fucked up. Asshat cunt wanker twat dickhead fuck piss! Motherfucking asshat dickhead (asshole shitfuck cock penis) bastard. Jesus dicking tits. Holy ass dickhead son of a bitch cunt nob son of a bitch: fuck assface wankface pissing jesus. Jesus christ on a fucking bike. Nob wankface shitfuck god damn it wanker assing dickhead pissing jesus fuck bitch.

Shit, piece of shit hell: shitfuck FUCK cock shitting hell twat cock shitfuck fuck motherfucker twat cunt, nob AIDS FUCK FUCK FUCK FUCK FUCK. FUCK FUCK FUCK FUCK FUCK AIDS fucking god damn it cock: wanking fuck FUCK hell FUCK asshat! Penis assing asshole — dickhead piece of shit jesus? Fucking jesus shitting FUCK; fucking fucker pissing FUCK fucker cock hell fuck bitch ass hell fuck. "Wanker, dickhead cunt penis motherfucker FUCK FUCK FUCK FUCK FUCK assface piece of shit bitch shitfuck wanker assface damn motherfucker piece of shit cunt piss", assface shitfuck shit penis goddamn fuck twat bitch fuck damn cock cunt. Shut up.

Shut up. Damn dickhead shitface (fuck) son of a bitch dickhead hell cunt nob piece of shit wankface, son of a bitch, shitface penis pissing shitface! Assing penis shit cunt pissing assface wanker assing shit motherfucker shitface holy motherfucker. Assface shitfuck, shitface bastard fuck piss. Twat fuck dickhead prick, cunt FUCK shitfuck, fuck, bastard motherfucker fuck cunt fuck. Asshat ass fucking asshat: piss motherfucker fucker pissing fuck son of a bitch. AIDS god damn it son of a bitch asshole twat wanker bastard dickhead wankface shit AIDS wanker hell fuck, nob FUCK FUCK FUCK FUCK FUCK? Piece of shit shitfuck damn bastard wankface fucking, shitface fucking jesus piss fuck? Shitface cock penis dickhead!

FUCK YOU! Jesus wept. "Jesus dicking tits", wankface asshat fucker cock damn fuck penis cock.

Fucker twat fuck piss god damn it shitfuck AIDS cock pissing shitface penis fuck piece of shit cock motherfucker pissing FUCK fuck.

Assing shitting son of a bitch motherfucker wanking son of a bitch shit penis hell wankface nob piss twat: piece of shit piss piece of shit. "Motherfucking AIDS assface fucker cunt assing piece of shit shitface shitfuck AIDS cunt god damn it shitfuck", twat ass shitting, asshole, wanker hell FUCK FUCK FUCK FUCK FUCK prick jesus. FUCK FUCK FUCK FUCK FUCK god damn it jesus bastard shitting cunt bitch assface — piss assface dickhead piss asshat jesus fuck prick. "Cock wanker assface fuck fucking wankface hell FUCK FUCK FUCK FUCK FUCK shitface god damn it FUCK", wankface; motherfucking damn motherfucker fucking wanker piss. I'm so angry right now. Bastard goddamn cock motherfucking piece of shit penis? Cock FUCK bitch holy FUCK wanking; FUCK bastard shit fuck piss!

Jesus dicking tits. Jesus wept! Fuck you. Jesus dicking tits.

Hell, fucker goddamn assface. Damn fuck nob bastard piss asshat shitting piece of shit ass shitting wankface ass cock fucking jesus penis ass piss!

"Bitch holy assing motherfucker", nob piss shitface piss son of a bitch. Bitch shitface wankface cock wankface nob fucking holy penis, bitch dickhead fucker asshat, jesus?

Fuck you! Shit wanker fuck fucker asshat dickhead wankface penis, wanker piece of shit wanking AIDS nob goddamn bitch nob bitch ass. Shut the fuck up. Wanker AIDS bastard FUCK bastard? "Asshole ass shitfuck piss piece of shit cock damn jesus bitch", asshole wanker fuck wankface: prick assface AIDS wanker wankface bitch hell fuck motherfucker holy fucker fucking son of a bitch shitface. Shut the fuck up. Jesus fucking Christ.

Cunt cock cunt piss dickhead twat cock assface cunt fucking hell piss! Wanking fucker fuck god damn it hell prick twat cunt motherfucking wanker cunt, fucker piss bastard dickhead. "Shitface assface shit god damn it", AIDS bastard holy (dickhead bitch twat hell holy cunt twat) damn wanking nob, FUCK son of a bitch fuck.

FUCK, motherfucker FUCK FUCK FUCK FUCK FUCK FUCK penis bitch son of a bitch shitfuck assing FUCK shitface? Nob ass penis prick shitfuck motherfucker FUCK fucking ass damn FUCK shitface cock bastard! Dickhead shit penis shitting cunt fucker assface AIDS holy hell fuck. Holy son of a bitch, FUCK FUCK FUCK FUCK FUCK wankface, twat piss motherfucking cock son of a bitch fucker son of a bitch FUCK FUCK FUCK FUCK FUCK AIDS prick fuck — FUCK piss wankface? Asshat dickhead cock wanker motherfucking fuck piece of shit fucking bastard. Shut the fuck up. Bitch fucker wankface cunt shitface assing shitface nob dickhead, wanker son of a bitch piece of shit. Fucking, piss hell wanker AIDS jesus shitfuck nob fuck goddamn fucker asshole fucking asshat. Jesus fucking Christ.

Asshat wankface shitting fucking shitting cock dickhead holy asshole god damn it ass? Hell motherfucker assface jesus goddamn penis FUCK piss asshole FUCK shit ass god damn it damn asshole shit! Assface FUCK FUCK FUCK FUCK FUCK shitting shit AIDS asshat damn assface son of a bitch FUCK FUCK FUCK FUCK FUCK? Pissing ass shitfuck jesus dickhead jesus piece of shit god damn it bitch! Jesus AIDS fuck, (god damn it; goddamn wankface shitfuck fucking) fuck damn cock fuck asshole, jesus piece of shit! Fucker shit fuck jesus FUCK fucker. Wanking cunt fuck penis! Piss fuck jesus assing fucking shitfuck piece of shit fuck piece of shit AIDS ass asshole! Fuck shitface (jesus shitting asshole bastard) shit motherfucker.

Chapter 46

"AIDS fucker fucking [cunt shitface bitch son of a bitch FUCK piece of shit penis piss — bitch ass penis] fucker, piece of shit", hell fuck FUCK fuck, god damn it bitch asshole jesus fucker shit shitface hell prick asshat fucker ass asshole bastard. Motherfucker hell fucker cock AIDS asshole bastard son of a bitch god damn it FUCK shitface fuck jesus shitface fuck son of a bitch! Assing fucking AIDS wankface shitfuck asshole shitfuck asshole!

I'm so angry right now! Shit damn assface pissing, FUCK fucker AIDS. Jesus dicking tits. Holy fuck assface AIDS nob bastard nob dickhead shit FUCK FUCK FUCK FUCK FUCK asshat.

"Cock nob FUCK FUCK FUCK FUCK FUCK motherfucker shitfuck son of a bitch god damn it bitch", motherfucker prick wanker assface holy wanker asshat. Hell bitch FUCK ass, FUCK pissing asshole wanker bastard FUCK FUCK FUCK FUCK

FUCK god damn it, asshat piece of shit assing AIDS assface! "Prick penis cunt — [shitting jesus FUCK shitface shitfuck] assface goddamn holy hell", son of a bitch fucking nob FUCK assface FUCK, shitfuck nob bitch. Wanker motherfucker dickhead piece of shit cock cunt dickhead piece of shit prick fucking hell god damn it. Assface god damn it assface bitch bastard FUCK FUCK FUCK FUCK FUCK goddamn god damn it shitfuck! Son of a bitch cunt AIDS shitface, AIDS wankface piss; cock fucking asshat fuck?

Motherfucker piece of shit twat shitfuck wanking bitch. Dickhead AIDS shitface asshole god damn it assface shitfuck asshole prick. Motherfucking dickhead shitfuck wankface fucker assface fucking jesus wankface god damn it prick hell bitch piss? Jesus dicking tits. FUCK bitch twat god damn it, son of a bitch ass. I'm so angry right now. AIDS motherfucker shitting bitch piss! Holy damn AIDS ass shit shitface shit prick asshole AIDS.

Fucker penis cunt assface piss! Nob AIDS fuck (FUCK FUCK FUCK FUCK FUCK jesus) fuck ass shit piss son of a bitch motherfucker FUCK FUCK FUCK FUCK FUCK bitch fuck! Piss nob bitch asshat shitface cunt bitch fuck! Shit dickhead pissing FUCK hell wankface twat? FUCK FUCK FUCK FUCK FUCK ass assing wankface cunt god damn it asshole fuck cunt.

Hell dickhead assing penis shitface asshat god damn it bastard nob — penis fucker wankface! Asshole jesus asshole holy asshole fuck wanker! Asshat fucker wankface asshole fuck ass: wanker shitface damn piss twat hell shit motherfucker? Hell wankface pissing (asshole god damn it motherfucking wankface) shitfuck shitface cock fucking, wankface prick, piss son of a bitch shitface nob.

Hell pissing ass shitface jesus asshat dickhead pissing FUCK FUCK FUCK FUCK FUCK piece of shit cunt wanking ass damn son of a bitch piece of shit. Jesus asshat asshole FUCK FUCK FUCK FUCK FUCK cock shitting fucking twat holy shitfuck jesus assing AIDS? Cunt; asshat shit FUCK twat prick shitface wankface shitfuck. Penis piss nob bastard hell shitface dickhead son of a bitch shitfuck wankface damn motherfucking fucker, fuck piss.

"Jesus dicking tits", cunt motherfucking shit motherfucking twat bastard shitting FUCK jesus FUCK FUCK FUCK FUCK FUCK, asshole penis. Damn motherfucker assing damn hell prick fuck penis fuck cock. Shut the fuck up. Asshat hell twat hell bastard dickhead shitfuck jesus hell prick AIDS fucking hell wanker motherfucker assing asshole wanker.

Bastard shitfuck penis ass FUCK shitface cunt. Dickhead fuck cock bitch piss hell assface god damn it wanker shitfuck prick assface shitfuck piss wankface! "Bitch fuck asshole [shitting holy prick twat] bastard wankface cock nob", fucking ass, piss prick shitting shit goddamn assface fucking motherfucker hell fucker son of a bitch piece of shit fuck. Fuck prick penis (assface dickhead) asshole ass FUCK prick fuck shit holy, twat god damn it: shit, prick. Fuck cunt FUCK FUCK FUCK FUCK FUCK asshole damn cock fuck!

"FUCK cock — god damn it fuck", god damn it fuck wanking fuck son of a bitch shit dickhead bitch penis wankface asshole. "Asshat AIDS asshole FUCK FUCK FUCK FUCK FUCK asshat asshole asshat cock shit penis assface holy assface AIDS motherfucker dickhead piece of shit", shitface bastard FUCK FUCK FUCK FUCK FUCK penis FUCK.

Jesus FUCK FUCK FUCK FUCK FUCK shitfuck (asshat assing god damn it: bastard piece of shit ass) asshat wankface penis fuck assface. "Jesus christ on a fucking bike", fucker AIDS asshat shit — FUCK FUCK FUCK FUCK FUCK asshole asshat hell FUCK wanker damn piece of shit fuck cock fucker AIDS penis. Shitting motherfucker piss AIDS god damn it fucking dickhead cunt piss assface shit? I'm so angry right now! Cunt penis shitfuck nob fuck assface? Cunty cunty cunt cunt. Penis piss god damn it FUCK FUCK FUCK FUCK FUCK?

Piss motherfucker ass fucker, shitface cock assface fuck shitface fucker cunt fucker wankface asshat dickhead shit FUCK! Bitch FUCK FUCK FUCK FUCK FUCK asshole AIDS bitch cock wankface cunt piss dickhead motherfucking penis son of a bitch. Hell shitting hell assface piss fucking shitting goddamn fucker bastard asshole shit motherfucker assing bastard — penis motherfucker shitface! Holy FUCK wankface asshat bastard bitch ass penis wanker. Bitch piece of shit shitface motherfucker son of a bitch penis shitface motherfucker wanker fucking shitface!

Fuck motherfucking shit (cunt AIDS FUCK FUCK FUCK FUCK FUCK) piss assing wankface asshat fuck prick AIDS bitch. I fucked up. Shit cunt fuck hell shitfuck FUCK FUCK FUCK FUCK FUCK nob cunt piss fuck assing asshat assface damn shitface! Shitface piss twat motherfucking asshat fucker shitfuck piece of shit jesus bastard fuck bastard god damn it bitch shitface! FUCK AIDS son of a bitch wankface nob asshole cunt motherfucker asshat cock FUCK shitface assface jesus cunt. Jesus christ on a fucking bike.

Twat wanking goddamn, fuck wanking dickhead piss god damn it FUCK FUCK FUCK FUCK FUCK piece of shit. Pissing piece of shit asshat, assface, motherfucker bitch shitface assface asshole motherfucking wanking bitch shit! Jesus prick assface, (fucker penis prick bastard fucking shitfuck) fuck. Dickhead pissing son of a bitch fucking — piss cunt AIDS — fucker AIDS wanker cock FUCK FUCK FUCK FUCK FUCK assface piss. Fucker fuck piece of shit asshole hell wankface god damn it; motherfucker cunt piss fucking, asshole damn fucking wanking FUCK FUCK FUCK FUCK FUCK? FUCK wanker god damn it cock assing fucking shitfuck, assface! Fucking nob piece of shit god damn it prick. Motherfucker shit piss son of a bitch nob FUCK fuck piss asshat motherfucking piss fuck!

Chapter 47

Wanker asshat, assing shitface piss. Jesus shit prick (bitch) shitfuck — fucking jesus FUCK piece of shit prick jesus bitch son of a bitch FUCK FUCK FUCK FUCK FUCK? Fucker god damn it shit penis fucker asshole AIDS piss fucking ass assing piss asshat. Motherfucking ass cock assing fuck! Jesus dicking tits. Jesus christ on a fucking bike! FUCK hell cunt fucker wankface fucker asshat fucking assface wankface pissing hell prick piss, asshole piece of shit. Assface asshole son of a bitch (bitch asshat bitch) fucking penis.

Fuck fucking ass fuck FUCK FUCK FUCK FUCK FUCK god damn it son of a bitch — fucker! "Dickhead, FUCK FUCK FUCK FUCK FUCK assface wanking piss shitface piss assface prick motherfucking, assface asshat fuck dickhead", fuck shitfuck fuck fucking damn AIDS god damn it assface nob shit prick, FUCK FUCK FUCK FUCK FUCK twat god damn it dickhead FUCK FUCK

FUCK FUCK FUCK. Bastard piece of shit son of a bitch (god damn it) goddamn FUCK fucking fuck penis wanker, piece of shit fucker FUCK FUCK FUCK FUCK FUCK motherfucking fuck cunt.

Fuck assing shit wankface wanker motherfucker asshat wankface ass fuck motherfucker nob son of a bitch wankface god damn it dickhead shitface! Fucking son of a bitch, shitfuck piece of shit fucking FUCK FUCK FUCK FUCK FUCK piss twat shitface, asshat dickhead fucking asshat. "Nob, shitface motherfucker shitface shitting — fuck wankface FUCK FUCK FUCK FUCK FUCK motherfucker AIDS", cock FUCK god damn it holy cock.

Jesus wept! "Asshole piss fucker dickhead god damn it fuck jesus, shitting twat AIDS son of a bitch wankface fuck bitch piece of shit", FUCK piss fuck cock assing jesus penis motherfucker piss goddamn hell jesus motherfucker. Twat penis — fucker shit jesus wankface jesus twat! FUCK YOU!

Nob bitch piss shit prick shitface; AIDS shit pissing fucking fuck. Fucker wanker asshole shit cunt — piss shitfuck: motherfucking piece of shit holy son of a bitch shitfuck cock fuck wanker! "Fucking fucker fuck shitface FUCK fucking twat", piss hell goddamn shitfuck assface prick shitface prick son of a bitch. AIDS son of a bitch ass assface pissing FUCK penis. Motherfucking wanker hell (wanker) ass — asshole assface bitch twat fucker fuck? AIDS shitface twat motherfucker FUCK FUCK FUCK FUCK FUCK piece of shit nob. Bitch ass assface fucker ass assface.

Assface wanker cock (AIDS motherfucker) cock FUCK hell piss dickhead goddamn wankface fuck asshat jesus. Cunty cunty cunt cunt. Shitface prick shit shitting cock piece of shit god damn it motherfucking goddamn son of a bitch fucker wankface asshole piss: piece of shit shitface piss asshat! Piss wankface, cock FUCK FUCK FUCK FUCK FUCK jesus asshat god damn it damn shitting FUCK twat asshole son of a bitch asshat shit bastard. "Shut the fuck up", twat asshat hell piece of shit pissing ass asshat hell twat motherfucker, son of a bitch motherfucker son of a bitch shit shitface bitch.

FUCK FUCK FUCK FUCK FUCK holy FUCK bastard assing fuck goddamn ass penis fucking fuck hell. Hell jesus wanker assing piss son of a bitch fuck fucker piss shitfuck wanking piece of shit assface fucker jesus. Asshat fucking: ass prick god damn it asshat shitting, shitfuck fuck — pissing shitting damn goddamn asshole shit cunt FUCK! Son of a bitch fuck cock asshat jesus fuck assface asshole cunt penis holy shitting piss piece of shit FUCK fuck asshat FUCK! Prick cunt ass bitch penis FUCK fuck fucking twat? Goddamn fucker prick assing fuck wanker piece of shit AIDS shitting fuck dickhead penis motherfucker cock asshat son of a bitch shitface AIDS! Assface ass shitting FUCK! God damn it wankface piss piece of shit shitface asshat god damn it wankface piece of shit fuck bitch bastard hell fuck jesus! Dickhead asshole fucker shit AIDS ass shit.

Jesus son of a bitch fuck (piss twat FUCK) wanker piss. Fucker shit bastard bitch piece of shit dickhead wanker cunt assing wanking asshat shitting prick hell. Motherfucker ass holy asshole son of a bitch! Cunt hell wanker (asshole bastard shitface god damn it) twat ass FUCK cock prick fucking cock! Bastard assing shitting wanking cock FUCK FUCK FUCK FUCK FUCK bastard ass cunt shit, shitface piss assface? Son of a bitch nob, son of a bitch nob? I fucked up. Fucking goddamn, FUCK fucking fuck fucking twat shit FUCK FUCK FUCK FUCK FUCK. Piss asshole bastard shitface fuck prick.

I'm so angry right now. Wanker wankface damn, FUCK fuck fucking hell. Jesus fucking Christ. I'm so angry right now. "Prick shitting FUCK holy FUCK FUCK FUCK FUCK FUCK asshole penis dickhead, fucking bastard motherfucker cunt assface fucker", fuck prick fucking fuck pissing wanking jesus fucker FUCK jesus. Assface wanking piece of shit cock. Motherfucking piss twat pissing: dickhead wankface god damn it prick wankface fuck shitface cock penis motherfucker twat shitfuck, fucker son of a bitch! Wanker, son of a bitch assface penis cock piece of shit bitch wankface asshole dickhead fucker fucking nob.

Jesus dicking tits. FUCK FUCK FUCK FUCK FUCK fucking, piss shitting cock shitface hell wanker? Wankface fucker piss prick AIDS wanker wanking shitfuck asshat fuck asshole god damn it. Shit twat — prick, wankface hell. Shut up!

Chapter 48

Jesus christ on a fucking bike! Motherfucking asshat son of a bitch dickhead shitface penis dickhead cock hell shitting asshole pissing fucking bitch FUCK pissing jesus FUCK! "Wanker bastard nob damn fuck shitfuck nob twat asshole", FUCK twat piss (god damn it asshole) god damn it, bastard hell piece of shit jesus wanking son of a bitch shit bastard assface ass. Bastard prick cock cunt. Motherfucker holy motherfucking FUCK FUCK FUCK FUCK FUCK shit hell bitch wanker asshole. AIDS penis twat god damn it penis shitting penis?

Wankface shitting wanking fucker hell holy dickhead cunt shitfuck hell, jesus. Assing son of a bitch FUCK FUCK FUCK FUCK FUCK nob shitfuck nob FUCK nob prick assing asshat. Assface holy son of a bitch (shitface motherfucker piss wankface god damn it jesus) motherfucking twat piece of shit. Jesus dicking tits. Goddamn FUCK FUCK FUCK FUCK FUCK penis assface wanker god damn it assface nob!

"Fuck you", damn shitfuck penis ass fucker bitch wankface cunt wankface penis FUCK FUCK FUCK FUCK FUCK bastard assface. FUCK YOU. Fucking cock shit assing shitface cunt son of a bitch. Son of a bitch dickhead prick fucker motherfucker bastard asshole fuck penis. Cunty cunty cunt cunt. Dickhead asshole fucking bitch twat FUCK bastard motherfucker asshat! Penis bitch fucking penis AIDS hell cunt piece of shit nob shitfuck twat? Prick god damn it wankface cunt FUCK motherfucker god damn it: pissing penis asshat nob FUCK shit fuck fucker fuck.

Son of a bitch twat piss ass piece of shit piss asshat piss FUCK, cock. Cunty cunty cunt cunt. Fuck FUCK hell fuck assface, holy bastard shitting FUCK FUCK FUCK FUCK FUCK pissing ass bitch wankface, shitface asshat wankface FUCK. I'm so angry right now. Cunt FUCK FUCK FUCK FUCK FUCK god damn it motherfucker dickhead asshole fucker asshat son of a bitch. "Shitfuck jesus fucking asshole twat hell: motherfucker FUCK shitface FUCK FUCK FUCK FUCK FUCK wanking fuck ass fuck twat", son of a bitch twat fucking jesus assing penis, shitting hell shitfuck dickhead god damn it shitfuck fuck. Ass fuck pissing wankface hell!

Assface fucker god damn it assface nob fuck!

Motherfucking son of a bitch goddamn assing motherfucking motherfucker. God damn it fuck AIDS bastard jesus dickhead assface! Motherfucker prick damn hell fucker god damn it ass. Ass cock penis (cunt motherfucker cunt) piss jesus asshole AIDS fucker assing fuck, holy hell fucking, prick! Wanker motherfucking son of a bitch FUCK assface fuck nob AIDS assface wankface prick twat wankface. Shit bastard asshat, piss hell wankface wanker shitface son of a bitch fuck motherfucker son of a bitch motherfucker assing wanker!

Holy FUCK god damn it fucking hell fuck asshat. "I'm so angry right now", dickhead wankface bastard jesus, penis, nob. Jesus wept.

Shitface jesus fuck asshole motherfucker! Hell shitfuck ass son of a bitch holy jesus twat dickhead assface cunt. FUCK FUCK FUCK FUCK FUCK pissing asshole (bastard fuck) bastard fuck assface FUCK? Piece of shit wanking piss bitch shitfuck dickhead motherfucking bastard AIDS fuck fucker jesus wanking bitch motherfucker. Cunt FUCK shitfuck piss fucking wankface hell asshole hell shit asshole — ass. "Fuck wanker cunt dickhead fuck cunt twat goddamn fucker piece of shit shit bitch", motherfucker twat penis (fuck) asshat piece of shit, cock assface AIDS cunt fucker twat penis FUCK FUCK FUCK FUCK FUCK.

Prick assing hell fucking asshole AIDS penis ass wanker AIDS piece of shit bastard ass. Twat fuck assing ass dickhead shitface AIDS shitting asshole! Assing son of a bitch piss bitch asshat god damn it penis holy wanker pissing damn piss FUCK fucker cock wanker god damn it bitch. Wanker ass damn, penis piss, nob shitting wanking assface prick fucking wanker motherfucker. Shut the fuck up.

Bitch twat prick hell piece of shit wankface piece of shit god damn it: ass piss penis fucker piss wanking dickhead prick FUCK. Nob jesus prick wankface, fuck prick nob asshole wankface fuck shitface god damn it. Hell piss bastard (prick fuck) penis ass pissing FUCK shitfuck jesus. God damn it ass cunt shitfuck asshat hell fucker piece of shit. Ass bitch asshat bitch piece of shit bastard jesus cock son of a bitch god damn it fuck AIDS hell FUCK FUCK FUCK FUCK FUCK! CUNT.

But WAS HE? WAS HE REALLY A CUNT?

END

ABOUT THE AUTHOR

```
function randomFromArray(arr, previous) {
     var selected = arr[Math.floor(Math.random() * arr.length)];

     if(selected == previous)
          return randomFromArray(arr, previous);
     else
          return selected;
}

function randomIntFromInterval(min,max){
     return Math.floor(Math.random()*(max-min+1)+min);
}

if (!String.prototype.trim) {
     (function() {
          // Make sure we trim BOM and NBSP
          var rtrim = /^[\s\uFEFF\xA0]+|[\s\uFEFF\xA0]+$/g;
          String.prototype.trim = function() {
               return this.replace(rtrim, '');
          };
     })();
}

String.prototype.capitalizeFirstLetter = function() {
     return this.charAt(0).toUpperCase() + this.slice(1);
}

function randomEnding(isquote, noquestion) {
      var endings = [". ", "! ", ". ", "! ", ". ", "? ", ". "];
    var ending = randomFromArray(endings);

     if(isquote) {
          return "\", ";
   } else {
          if(noquestion && ending == "? ")
          return randomEnding(isquote, noquestion);
          else
          return ending;
   }
}

function randomlyPunctuation(i, count, parenthesis, hadopening, isquote) {
    var punctuation = [", ", " &mdash; ", ", ", ", ", "; ", ", ", ", ", ": ", ", "];
    if(parenthesis && hadopening && randomIntFromInterval(0,50) > 35) {
```

```
      if(isquote)
          return "] ";
      else
        return ") ";
    } else {
       if(randomIntFromInterval(0,100) > 95 && i < count-1)
          return randomFromArray(punctuation);
       else
          return " ";
   }
}
```

var swears = ["fuck", "shit", "cunt", "piss", "twat", "hell", "ass", "asshole", "motherfucker", "son of a bitch", "piece of shit", "wanker", "dickhead", "bitch", "cock", "assface", "wankface", "asshat", "penis", "shitface", "fucker", "prick", "jesus", "AIDS", "bastard", "god damn it", "shitfuck", "fuck", "FUCK", "FUCK FUCK FUCK FUCK FUCK", "nob"];
var ings = ["fucking", "assing", "motherfucking", "goddamn", "damn", "holy", "wanking", "fucking", "shitting", "pissing",];
var standalone = ["Jesus fucking Christ", "shut the fuck up", "I'm so angry right now", "fuck you", "shut up", "Jesus wept", "FUCK YOU", "I fucked up", "jesus christ on a fucking bike", "Jesus dicking tits", "cunty cunty cunt cunt"];

var chapters = randomIntFromInterval(40, 50);

```
for(c=1;c<chapters;c++) {
      var content = "";
      var paragraphs = randomIntFromInterval(8,16);

      for(p=0;p<paragraphs;p++){
             var sentences = randomIntFromInterval(4,9);
             var lastsentence = "";
             var lastwasquote = false;

             content += "<p>";
             for(s=0;s<sentences;s++){
                    var isquote = (randomIntFromInterval(0,100) > 90 && s < sentences-1 && !lastwasquote);

                    if(isquote)
                           content += "\"";

                    if(randomIntFromInterval(0,100) < 80 || lastwasquote) {
                           var words = randomIntFromInterval(4, 18);
                           var sentence = "";
                           var lastword = "";

                   if(randomIntFromInterval(0,100) > 90) {
```

```
            var parenthesis = true;
             var hadopening = false;
    }
                for(w=0;w<words;w++){
           if(w > 2 && words > 7 && parenthesis && !hadopening) {
             if(isquote)
                sentence += " [";
             else
                sentence += " (";
                hadopening = true;
          }
                    if(randomIntFromInterval(0,100) < 15 && w < words-1) {
                          lastword = randomFromArray(ings, lastword);
                  } else {
                          lastword = randomFromArray(swears, lastword);
                  }
           punctuation = randomlyPunctuation(w, words, parenthesis, hadopening, isquote);
           if(punctuation == ") " || punctuation == "] ")
                parenthesis = false;
           sentence += lastword + punctuation;
                }
                  if(lastwasquote) {
                        content += sentence.trim() + ". ";
           } else {
                         content += sentence.trim().capitalizeFirstLetter() + randomEnding(isquote);
           }
                } else {
                       lastsentence = randomFromArray(standalone, lastsentence);
            if(!lastwasquote)
                lastsentence = lastsentence.capitalizeFirstLetter();
                        content += lastsentence + randomEnding(isquote, true);
                }
                lastwasquote = isquote;
         }
         content += "</p>";
      }
     $("div").append("<h2>Chapter "+c+"</h2>" + content);
}
```

Printed in Poland
by Amazon Fulfillment
Poland Sp. z o.o., Wrocław